Vorwort 4
Einführung 6

Brüllen wie ein Löwe 11
Sonnenatmung 13
Energiemüsli 15
Füße schütteln 17
Mango-Gesichtsmaske ... 19
Vertiefung der
Zufriedenheit 22
Viparita Karani 26
Herzöffnung 28
Zitronenwasser 30
Senffußbad 32
Nerventee 35
Energiekugeln 37
Phönix aus der Asche 40
Energieöl 43
Strahlende Augen 45
Gewürzmilch 47
Bauchatmung 49
Glücklicher Schlaf 52
Energiesuppe 54
Entrümpeln 57

Energiepeeling 59
Bindungen lösen 61
Ingwerwasser 64
Einen Fisch fangen 66
Schutzmeditation 68
Lippenpflege 70
Mondatmung 72
Grüntee 74
Der kleine Wikinger 76
Die Kraft der Farben 78
Entgiftungsatmung 82
Haarpackung 84
Die Wirbelsäule rollen 86
Mundspülung 89
Indischer Energiedrink 91
Kraftwort »Soham« 94
Bierbad 96
Kreisen mit dem Kosmos .. 98
Süßes Energiebrot 100
Die Kraft der Stimme ... 103
Rückwärts »Rad fahren« .. 105

Übungsreihen nach Themen 108
Schlusswort 109
Danksagung 110
Abbildungsverzeichnis 111
Zur Autorin 112

Vorwort

Ich bin voller Dankbarkeit und Freude. Deshalb möchte ich diesen kleinen Energieratgeber mit den Worten der Verbundenheit beginnen. Mein erstes Büchlein »Was die Energie zum Fließen bringt« ist auf überraschend große Resonanz gestoßen. Ich habe so viel konstruktives, wertvolles, wohlwollendes und positives Feedback erhalten, dass ich Ihnen, liebe Leserin und lieber Leser, die folgenden Gedanken als Ausdruck meiner Wertschätzung Ihnen und dem Leben gegenüber schenken möchte:

Energie ist das *Lächeln,* das du aussendest,
die *Liebe,* die du schenkst,
das *Vertrauen,* das du gibst,
die *Hoffnung,* die du weckst,
die *Ängste,* die du nimmst,
die *Zweifel,* die du beseitigst,
das *Glück,* das du teilst.

Energie ist die *Freude,* die du empfindest,
das *Mitgefühl,* das du erhältst,
die *Zuversicht,* die du spürst,
die *Güte,* die dich verbindet,

die *Zärtlichkeit,* die dich berührt,
der *Glaube,* der dich schützt,
die *Dankbarkeit,* die dich nährt.

Energie ist die *Kraft,* die dein Herz schlagen
und deinen Geist denken lässt.
Energie ist der *Impuls,* der dich atmen,
fühlen und handeln lässt.

Wo Energie fließt, ist das Leben.
Wo sie versiegt, herrscht der Tod.
Leben heißt die Energie fließen lassen.
Energie verbindet dich mit der Welt.
Sie ist die grenzenlose Freiheit, das Sein zu erleben.
Lebe! Denn du bist Energie!

Möge auch dieser Ratgeber die Stärke und Fülle haben, Sie mit Lebenskraft, Lebensfreude und Lebensenergie zu beschenken. Eine essenzielle Voraussetzung dafür ist die Kunst, körperliche und mentale Blockaden aufzulösen. Loszulassen, zu vergeben, sich zu freuen, sich zu öffnen und sich dem Leben hinzugeben sind wichtige Fähigkeiten im Energiemanagement.

Gehen Sie Ihren Weg voller Vertrauen und Zuversicht. Sie haben alles, was Sie für Ihre Lebensreise benötigen, bereits in sich. Erkennen Sie den Wandel der Zeit, und schließen Sie Frieden mit Veränderungen. Öffnen Sie Ihr Herz und Ihren Geist für das Unerwartete, und entdecken Sie die Kraft, die Ihnen innewohnt. Lassen Sie sich im Fluss des Lebens treiben – die Quelle der Energie sind Sie!

*Herzlichst
Ihre Sandy Taikyu Kuhn Shimu*

Einführung

Die Belastungen in unserem Alltag nehmen immer mehr zu. Egal, ob Leistungs-, Konkurrenz-, Existenz- oder Lebensdruck: Druck erzeugt Gegendruck. Diese Last ruht schwer auf unseren Schultern, kostet uns wertvolle Energie, wichtige Lebenskraft und kann sogar Stagnation und Depressionen hervorrufen. Lang anhaltende Blockaden verursachen nicht selten körperliche und geistige Krankheiten. Schulter- und Nackenverspannungen, Kopfschmerzen, Schlaf- und Verdauungsprobleme, Hautirritationen, mangelnde Gelassenheit, Gereiztheit, Sorgen,

Ängste oder Nervosität sind leise, aber deutliche Anzeichen dafür, dass unsere Energie nicht im Fluss ist und wir nicht mehr im Gleichgewicht sind.

Ein sinnvoller Umgang mit unseren Energien, ein effizientes Selbstmanagement, ist also geboten. Dann ist uns langfristige physische und psychische Ausgewogenheit garantiert, und Burn-out, Depressionen oder schwerwiegende körperliche Krankheiten werden verhindert. Dabei müssen wir aber beachten, dass wir unser Berufs- und unser Privatleben gleichermaßen berücksichtigen, denn nur so ist eine optimale Work-Life-Balance gewährleistet. Konkret heißt das, dass wir neben einem durchdachten und stimmigen sozialen und beruflichen Umfeld auch unseren körperlichen und mentalen Bedürfnissen einen festen Platz im Alltag einräumen müssen. Kurzum, wir benötigen ein einfaches, aber wirkungsvolles Energiemanagement. Wir müssen wissen, was unsere Energie zum Fließen bringt, wo unsere Energiequellen liegen, wie wir unsere körperlichen und geistigen Akkus anzapfen und wie wir sie wieder aufladen können.

Ein gesunder Körper bringt einen gesunden Geist hervor, und umgekehrt. Ein klarer, ausgeglichener Geist und ein starker, gesunder Körper führen zu mehr Selbstvertrauen, Selbstdisziplin, Freiheit und Lebensfreude. Die Kultivierung unserer Energie, also das Verständnis unserer

Lebenskraft und die Fähigkeit, unsere Energie zu vermehren und zu speichern, ist genauso entscheidend wie unsere Kompetenz, zum eigenen Wohl zu denken, zu fühlen und zu handeln. Nur im Einklang mit uns selbst tragen wir zum Wohle der ganzen Gesellschaft bei und leben in Harmonie mit unseren Mitmenschen. Die folgende Geschichte soll Ihnen dabei helfen, das Wesen der Energie besser zu verstehen.

Zwei Mönche stehen vor dem Haupttor des Tempels und streiten sich über die Tempelfahne. Der Wind weht und lässt die Fahne flattern. Der eine Mönch sagt: »Der Wind bewegt sich!« Darauf widerspricht ihm der andere: »Die Fahne bewegt sich!« Die beiden Mönche zanken hin und her. Der Meister, der den Streit angehört hat, greift ein und erklärt: »Keiner von euch hat recht. Weder die Fahne noch der Wind bewegt sich. Es ist euer Geist, der sich bewegt!«

Die Chinesen kennen das Sprichwort: »Der Mensch lebt im Qi wie die Fische im Wasser!« Doch was ist Qi? Qi ist die Kraft, die die Fahne aus der Geschichte bewegt. Es ist die Energie, die uns erlaubt, die Bewegung der Fahne zu erkennen, die Entschlossenheit, zu fragen, ob sich der Wind oder die Fahne bewegt, und das Verständnis, dass sich Fahne und Wind nur dann bewegen, wenn sich der Geist bewegt. Qi ist die Hingabe, mit der der Meister seine Schüler unterweist. Es ist die Inspiration, die Idee, die Intuition, der Funke, der aller Materie Energie, Leben, Kraft und Aktivität einhaucht. Qi ist das Fundament, das bewegende, dynamische Prinzip, die Ursache, die alles Leben bedingt und allem Leben zugrunde liegt.

Ein ausgewogenes Energiemanagement zu entwickeln ist nicht schwierig. Es ist weniger eine Frage des Könnens, vielmehr eine Frage des Wollens! Unsere stärkste Kraftquelle liegt in einem aufrichtigen »Ja« zu uns selbst und zum Leben, also in uns. Da uns das aber nicht immer gelingt, habe ich viele einfache, aber sehr wirkungsvolle Energiequellen aus verschiedenen Traditionen zusammengetragen. Diese Übungen, Techniken, Rituale, Meditationen und Rezepte werden Ihnen dabei helfen, Ihren Körper und Ihren Geist aufzuladen, Ihre Energie wieder zum Fließen zu bringen und Ihre innere Balance wiederherzustellen. Sie werden schnell feststellen, dass es die kleinen, fast unscheinbaren Schritte sind, die große Veränderungen bewirken. Unheilsame Gewohnheiten schleichen sich meist ganz langsam, fast unmerklich in unseren Alltag ein. Oft verfallen wir dem Irrglauben, dass wir unser gesamtes Leben auf den Kopf stellen müssten, um uns aus dem sprichwörtlichen Hamsterrad zu befreien. Doch dem ist nicht so!

Entwickeln Sie Achtsamkeit für den Moment, halten Sie immer wieder einmal inne, atmen Sie durch, überprüfen Sie, was Sie gerade tun, gönnen Sie sich eine Pause, ersetzen Sie einen negativen Gedanken durch einen positiven, eine falsche Handlung durch eine richtige, oder sagen Sie ganz einfach »Stopp«. Integrieren Sie die kleinen Energiequellen spielerisch und leicht in Ihren Alltag. Dann werden Sie feststellen, dass ein richtiges Energiemanagement ganz einfach ist und unglaublich viel Freude bereitet.

Und Freude ist ja bekanntlich die stärkste und größte Energiequelle!

Brüllen wie ein Löwe

Hinter-grund Diese einfache, aber sehr wirkungsvolle Übung stammt aus dem Yoga. Zu Beginn braucht die Durchführung etwas Mut, denn wir sind es einfach nicht gewohnt, hemmungslos draufloszubrüllen oder einen Löwen zu imitieren. Doch die Überwindung lohnt sich. Im Yoga ahmt man ganz bewusst Tiere nach, um sich ihre heilsamen und positiven Eigenschaften und ihre symbolische Kraft für Körper und Geist zunutze zu machen. Viele Körperhaltungen und Atemübungen sind deshalb nach Tieren benannt. »Brüllen wie eine Löwe« ist eine wundervolle Übung, mit der wir die große Kraft in uns entdecken und freisetzen können. Gerade Kinder lassen sich gern auf diese Erfahrung ein.

 Diese Übung löst emotionale Spannungen, Stress, Aggressionen und Ärger auf und wirkt anregend, aktivierend und sogar verjüngend. Mit ihr werden wir mutiger und befreien unseren Kopf von unnötigen Gedanken. Zudem stärkt das Brüllen unser Selbstvertrauen. Weil es unsere Muskeln im Gesicht aktiviert, werden Falten vermindert. Die Übung kräftigt auch die Stimme, stärkt das Zwerchfell, löst Verspannungen im Nacken-, Hals-, und Kieferbereich und wirkt sich günstig auf die Verdauung aus.

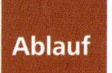 Setzen Sie sich aufrecht auf einen Stuhl oder im Fersensitz auf den Boden. Legen Sie die Hände flach und locker auf die Knie. Schließen Sie die Augen, und atmen Sie ein paar Mal entspannt und ruhig durch die Nase ein und aus. Atmen Sie dann tief ein. Beim Ausatmen öffnen Sie die Augen und richten den Blick nach oben in Richtung Augenbrauen. Spreizen Sie dabei die Finger, öffnen Sie den Mund ganz weit, strecken Sie die Zunge heraus, und brüllen Sie so laut und kräftig, wie Sie können. Lassen Sie das Brüllen tief unten im Bauch entstehen. Wiederholen Sie den Ablauf mindestens 3 Mal, und gönnen Sie sich zwischen den Wiederholungen eine kleine Pause. Spüren Sie einige Minuten nach.

Sonnenatmung

Hintergrund Diese einfache Atemübung stammt aus dem Pranayama, der Atemschule des Yoga. Sie ist leicht durchzuführen und kann auch von Menschen ohne Vorkenntnisse ausgeübt werden. In jedem Menschen sind die beiden polaren Kräfte, Männlich und Weiblich, vorhanden. Mit gezielten Techniken können wir direkt auf die jeweilige Energie zugreifen und uns die positiven Eigenschaften für Körper und Geist zunutze machen.

Effekt Das rechte Nasenloch steht im Pranayama für die Sonne, hier endet die Energieleitbahn »Pingala«. Die Sonnenatmung aktiviert das männliche Prinzip. Sie spendet Kraft, regt an, steigert die Leistungsfähigkeit und schenkt Wärme und Energie. Außerdem fördert sie die Kreativität, wirkt ausdehnend, öffnend, aktivierend, erhellend und dynamisierend.

Ablauf Setzen Sie sich aufrecht auf einen Stuhl, oder nehmen Sie Ihre bevorzugte Haltung für eine Sitzmeditation am Boden ein. Halten Sie den Rücken gerade, schließen Sie die Augen, entspannen Sie die Gesichtsmuskeln, und atmen Sie ein paar Mal ruhig und gelassen durch die Nase ein und aus. Verschließen Sie dann mit dem linken Zeigefinger das linke Nasenloch. Atmen Sie entspannt nur noch durch das rechte Nasenloch ein und aus. Verweilen Sie so mindestens 5 Minuten lang. Danach lösen Sie den Zeigefinger und atmen nochmals ganz bewusst und entspannt für ein paar Atemzüge durch beide Nasenlöcher ein und aus.

Wichtig: Führen Sie diese Übung nicht durch, wenn Sie erkältet sind.

Als Ergänzung eignet sich wunderbar die »Mondatmung« (S. 72).

Energiemüsli

Hintergrund Quinoa ist auch als »Inkareis« oder »Gold der Inkas« bekannt, denn das Getreide stammt aus Südamerika. Es enthält viele wertvolle Mineralien und Vitamine und hat einen hohen Gehalt an pflanzlichen Eiweißen. Quinoa ist ein idealer Nährstofflieferant und zudem glutenfrei. Ein Sprichwort lautet: »Wer viel Quinoa isst, wird so widerstandsfähig und ausdauernd wie ein Inka-Krieger.«

Effekt Dieses Energiemüsli macht körperlich und geistig fit für den Tag. Es ist leicht, stärkt und wärmt die Mitte.

🌱 Zutaten

- 100 g Quinoa
- 100 ml biologische Vollmilch
- 100 ml Wasser
- 1 kleiner Apfel
- 1 kleine Birne
- 1–2 EL Mandelstifte
- 1–2 TL Honig
- 1 TL Zitronensaft
- ½ TL Zimt
- Mark einer halben Vanilleschote
- 1 Prise Salz

Veganer können die Milch zum Beispiel durch Haferdrink und den Honig durch Ahornsirup ersetzen.

🌿 Zubereitung

Spülen Sie das Quinoa in einem Sieb so lange ab, bis das Wasser klar ist. Geben Sie es mit Milch, Wasser, Salz, Zimt und Vanillemark in eine Pfanne, und lassen Sie alles aufkochen. Reduzieren Sie die Hitze, und lassen Sie das Müsli weiterköcheln, bis die gesamte Flüssigkeit aufgesogen ist. Nehmen Sie nun die Pfanne vom Herd, und rühren Sie den Honig unter. Schneiden Sie Apfel und Birne in kleine Würfel, und geben Sie die Früchte mit Zitronensaft und etwas Wasser in eine kleine Pfanne. Köcheln Sie das Ganze so lange, bis die Früchte weich sind. Rösten Sie die Mandelstifte ohne Zugabe von Fett an. Geben Sie das Müsli in eine Schale, verteilen Sie die Früchte darauf, und streuen Sie die Mandelstifte darüber.

 Tipp

Sie können zusätzlich noch Joghurt über die Früchte verteilen. Etwa 1 EL Naturjoghurt reicht pro Portion aus.

Füße schütteln

 Diese Übung stammt aus dem bewegten Qi Gong. Sie ist eine einfache Technik, mit der man die Energie (Qi) im gesamten Körper wieder zum Fließen bringt.

 Das Füßeschütteln fördert und stärkt den Energiefluss und löst Blockaden und Stagnationen. Es erfrischt und belebt Körper und Geist.

Ablauf

Legen Sie sich flach mit dem Rücken auf den Boden. Legen Sie ein kleines Stützkissen unter Ihren Kopf, falls Sie das möchten. Spreizen Sie die Beine etwa auf Hüftbreite. Legen Sie die Arme mit ein wenig Abstand neben den Körper. Die Handflächen sind nach oben gerichtet. Halten Sie Ihren Körper gerade. Schließen Sie die Augen, entspannen Sie das Gesicht, und atmen Sie ein paar Mal ruhig durch die Nase ein und aus. Beginnen Sie nun, sanft die Füße zu schütteln. Stellen Sie sich vor, wie Sie mit Ihren Füßen einer anderen Person zuwinken. Beide Füße bewegen sich dabei gleichzeitig und möglichst weit nach außen und anschließend wieder nach innen. Diese Bewegung wird aus der Hüfte bzw. aus den Oberschenkeln eingeleitet. Die Füße sollen bei dem Schütteln nicht zusammenprallen. Erhöhen Sie das Tempo des Schüttelns, bleiben Sie aber sonst körperlich und geistig entspannt. Ihr Atem fließt ruhig und regelmäßig durch die Nase ein und aus. Praktizieren Sie das Schütteln mindestens 5 Minuten lang. Beenden Sie die Übung abrupt, und achten Sie darauf, was in Ihrem Körper geschieht. Spüren Sie noch einen Moment nach.

Mango-Gesichtsmaske

Bereits der historische Buddha Shakyamuni schätzte Mangos als Nahrungsmittel und Heilpflanze sehr. Die exotische Frucht stammt aus dem tropischen Regenwald in Indien. Mittlerweile werden Mangos in weiten Teilen der Welt angebaut. Der Mangobaum steht für Kraft, Stärke und Energie. Früher wurden ihm sogar heilige und magische Eigenschaften nachgesagt. Die Früchte des Baums tragen bereits in den indischen Veden die Bezeichnung »Speise der Götter«. Mangos haben einen hohen Anteil an Vitaminen, Mineralien, Spurenelementen, Enzymen und Carotin.

Effekt Eine Gesichtsmaske mit frischer Mango verleiht einen strahlenden, samtweichen Teint, wirkt regenerierend, spendet viel Feuchtigkeit und glättet die Haut. Ganz allgemein verbessert sie das Hautbild, wirkt sehr wohltuend und beugt vorzeitiger Hautalterung vor. Gerade trockene oder reife Haut profitiert von dieser wundervollen Maske, die Sie ganz einfach selbst herstellen können. Joghurt oder Quark wirken regulierend und schenken eine klare, reine Haut. Honig hat entzündungshemmende und stark nährende Eigenschaften.

🌰 Zutaten

- 8 EL Quark oder Joghurt
- 3 EL frisch pürierte Mango
- 1 EL Honig

Veganer können den Quark bzw. den Joghurt durch 3 EL Mandelkleie und den Honig durch 1 EL Olivenöl ersetzen.

🌱 Anwendung

Geben Sie alle Zutaten in eine Schüssel, und verrühren Sie alles zu einem glatten Brei. Tragen Sie die Mango-Maske auf das gereinigte Gesicht, den Hals und das Dekolleté auf. Lassen Sie sie etwa 15–20 Minuten lang einwirken. Gönnen Sie sich dabei etwas Ruhe. Am besten legen Sie sich hin, und entspannen Sie sich bei etwas Musik, Kerzenlicht und Räucherduft. Waschen Sie danach die Maske gründlich mit lauwarmem, klarem Wasser ab. Das Auftragen einer Creme ist nicht mehr nötig.

🌰 Tipp

Essen Sie den Rest der frischen Mango. Das stärkt das Immunsystem, aktiviert den Kreislauf und wirkt sich positiv auf die Augen, die Haare, die Drüsen, die Schleimhäute, die Verdauung und die Gedächtnisleistung aus.

Vertiefung der Zufriedenheit

Hintergrund Zufriedenheit ist ein kostbares und wichtiges Gut, und der Schlüssel dazu liegt in jedem Menschen selbst. Wahrhaftig zufrieden zu sein bedeutet nicht nur, die Welt so anzunehmen, wie sie ist, sondern auch, sich selbst zu akzeptieren. Innere Zufriedenheit entsteht aus der Erkenntnis, dass die eigene Sicht entscheidet, wie wir uns fühlen, wie wir Geschehnissen im Alltag begegnen und wie wir auf andere Menschen und Situationen reagieren. Dabei spielt die Kunst des Loslassens eine tragende Rolle. Zufriedenheit bedeutet, sich von Erwartungen zu befreien und sich mit der Kraft und der Perfektion des Augenblicks zu verbinden.

 Diese einfache, aber sehr wirkungsvolle Übung bringt Sie in den Moment, in die Gegenwart zurück. Durch die Verbindung von Atmung und Gedanke entsteht Achtsamkeit im Augenblick. Sie erfahren das tiefe Gefühl der Zufriedenheit, der Ausgeglichenheit sowie der inneren Stärke und Kraft. Die Atmung ist dabei die Brücke zwischen Körper und Geist. Bewusstes Atmen hilft Ihnen dabei, an den Ort zurückzukehren, an dem innerer Frieden, Ruhe, Akzeptanz, Harmonie und Glück zu Hause sind – ins Hier und Jetzt.

 Gönnen Sie sich ein paar Minuten Auszeit. Suchen Sie einen Ort auf, an dem Sie für die folgende Übung ungestört verweilen können. Schalten Sie mögliche Störquellen, z. B. Ihr Handy, aus. Nehmen Sie Ihre bevorzugte Meditationshaltung im Sitzen ein, und achten Sie auf eine aufrechte und stabile Körperhaltung. Schließen Sie die Augen, und lassen Sie den Atem leicht und natürlich durch die Nase ein- und ausströmen. Bleiben Sie während der ganzen Übung körperlich und geistig ruhig und entspannt.

■ *1. Vertiefung: ein – aus*
Begleiten Sie Ihre Einatmung geistig mit dem Wort »ein« und Ihre Ausatmung mit dem Wort »aus«. Verweilen Sie ein paar Minuten oder ein paar Atemzüge. Sie sind sich zu jeder Zeit bewusst, dass Sie »einatmen«. Sie sind sich zu jeder Zeit bewusst, dass Sie »ausatmen«.

■ *2. Vertiefung: annehmen – loslassen*
Vertiefen Sie Ihre Atmung weiter, indem Sie gedanklich beim Einatmen das Wort »annehmen« und beim Ausatmen »loslassen« wiederholen. Verweilen Sie ein paar Minuten oder ein paar Atemzüge. Sie sind sich zu jeder Zeit bewusst, dass Sie beim Einatmen »annehmen«. Sie sind sich zu jeder Zeit bewusst, dass Sie beim Ausatmen »loslassen«.

■ *3. Vertiefung: still – leer*
Vertiefen Sie Ihre Zufriedenheit weiter, indem Sie beim Einatmen geistig die Worte »still« und beim Ausatmen »leer« wiederholen. Verweilen Sie ein paar Minuten oder ein paar Atemzüge. Sie sind sich zu jeder Zeit bewusst, dass Sie beim Einatmen »still« werden. Sie sind sich zu jeder Zeit bewusst, dass Sie beim Ausatmen »leer« werden.

■ *4. Vertiefung: gelassen – glücklich*

Vertiefen Sie Ihre Zufriedenheit weiter, indem Sie beim Einatmen bewusst gedanklich das Wort »gelassen« und beim Ausatmen »glücklich« wiederholen. Verweilen Sie ein paar Minuten oder ein paar Atemzüge. Sie sind sich zu jeder Zeit bewusst, dass Sie beim Einatmen »gelassen« sind. Sie sind sich zu jeder Zeit bewusst, dass Sie beim Ausatmen »glücklich« sind.

■ *5. Vertiefung: hier – jetzt*

Sie vertiefen Ihre Zufriedenheit weiter, indem Sie beim Einatmen gedanklich die Worte »hier« und beim Ausatmen »jetzt« wiederholen. Verweilen Sie ein paar Minuten oder ein paar Atemzüge. Sie sind sich zu jeder Zeit bewusst, dass Sie beim Einatmen »hier« und beim Ausatmen »jetzt« sind.

Viparita Karani

Hintergrund Viparita Karani ist eine einfache und sehr wirkungsvolle Entspannungsübung aus dem Yoga. Viparita Karani ist ein Sanskrit-Wort, »viparita« bedeutet »umkehren, nach innen kehren« und »karani« »machen, ausführen, Form«. Viparita Karani ist eine Umkehrhaltung, die oft auch als halbe Kerze oder halber Schulterstand bezeichnet wird. Gerade Menschen, die viel sitzen oder lange stehen müssen, profitieren von dieser Übung. Auch unruhigen und rastlosen Menschen schenkt Viparita Karani körperliche Entspannung, innere Ruhe und geistigen Frieden.

 Diese Übung gleicht aus, verjüngt und hat eine beruhigende und erholsame Wirkung. Sie lindert Schmerzen im Lendenwirbelsäulenbereich und entlastet die Venen, das Herz und den Kreislauf. Viparita Karani verbessert die Durchblutung des Kopfes, unterstützt die Leistung des Gehirns und hilft bei Kopfschmerzen, Depressionen und Erschöpfung.

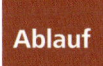 Legen Sie sich mit dem Rücken auf den Boden. Der Oberkörper liegt flach auf. Strecken Sie die Beine senkrecht nach oben, am besten gegen eine Wand gelehnt. Die Arme liegen seitlich am Körper oder locker ausgestreckt zur Seite. Wenn Sie mögen, decken Sie sich zu und legen ein kleines Kissen unter den Kopf und ein großes Kissen oder eine gefaltete Decke unter das Becken. Schließen Sie die Augen, entspannen Sie den ganzen Körper. Lassen Sie völlig los. Atmen Sie leicht durch die Nase ein und aus, bleiben Sie 5–10 Minuten lang in dieser Haltung. Genießen Sie es, und erlauben Sie sich, einfach mal nichts zu tun.

Herzöffnung

Hintergrund Unser Herz hat seine eigene Intelligenz. Es ist ein Sinnesorgan, das auf ähnliche Weise wie unser Gehirn auf Empfindungen, Gefühle und Erfahrungen reagiert und diese Impulse weiterleitet. In Asien kennt man schon seit Langem die Verbindung zwischen der Kraft des Geistes und der Kraft des Herzens. Die Übung »Herzöffnung« macht sich dieses Wissen zunutze. Durch positive Bewusstwerdung mittels Konzentration auf die Atmung sowie heilsame emotionale Reize ist es möglich, körperliche und geistige Schwingungen zu verändern und in ein harmonisches Gleichgewicht zu kommen.

Diese Übung schenkt uns ein positives Lebensgefühl, inneren Frieden und Freude. Sie stärkt und heilt den Körper und den Geist. Die Herzöffnung verbindet uns mit dem Heilsamen und wirkt energetisierend und erneuernd.

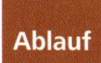

Nehmen Sie Ihre bevorzugte Meditationshaltung ein. Schließen Sie die Augen, und lassen Sie Ihren Atem entspannt durch die Nase ein- und ausfließen. Lenken Sie Ihre Aufmerksamkeit auf Ihr Herz oder in den Brustraum. Atmen Sie symbolisch in Ihr Herz. Stellen Sie sich dabei ein Bild vor, das Sie erfreut. Das kann eine Blume, eine leuchtende Sonne, ein Schmetterling oder ein besonderer Mensch sein. Das Bild, das Sie sich ausgesucht haben, wird immer klarer und größer. Sie sind zufrieden und glücklich und kommen körperlich und geistig zur Ruhe, während Sie entspannt Ihr Bild betrachten. Öffnen Sie symbolisch Ihr Herz, und legen Sie Ihr Bild der Freude hinein. Schließen Sie Ihr Herz danach wieder, und atmen Sie ganz bewusst tief ein und aus. Mit jedem Herzschlag, mit jedem Atemzug wird nun die Energie der Freude, der Kraft, der Zufriedenheit und des Glücks über das Blut in Ihrem ganzen Körper verteilt. Die Energie fließt in jeden Körperteil, jedes Organ, jede

Zelle, vom kleinen Zeh bis in die äußerste Haarspitze. Ihr ganzes Wesen füllt sich mit Freude und Kraft auf. Sie sind entspannt, zufrieden und glücklich und können den Augenblick, den gegenwärtigen Moment, wahrhaftig genießen. Bleiben Sie mindestens 5 Minuten lang in dieser Achtsamkeit, und spüren Sie bewusst nach.

Zitronenwasser

Hintergrund Zitronen sind kleine Alleskönner. Sie werden in Haushaltsreinigern genauso geschätzt wie in Kosmetikprodukten oder als natürliches Heilmittel. Ursprünglich kommen Zitronen nicht aus Italien oder Spanien, sondern aus Nordindien und China.

Effekt Zitronen enthalten viel Vitamin C. Sie stärken das Immunsystem, die Haut und die Haare. Zudem haben sie eine desinfizierende und entzündungshemmende Wirkung. Zitronen beleben, sind blutbildend und blutreinigend, regen den Appetit an, bringen die Verdauung in Schwung, wirken als Tonikum auf die Leber, beugen Allergien vor und entfernen Schadstoffe aus dem Körper. Bei einer Erkältung bzw. als Vorbeugungsmaßnahme hilft das heiße Zitronenwasser, denn es lindert die Symptome.

👍 Zutaten

Kaltes Zitronenwasser
- 👍 200 ml kaltes Wasser
- 👍 ½ Zitrone

Heißes Zitronenwasser
- 👍 200 ml heißes Wasser
- 👍 ½ Zitrone
- 👍 1 TL Honig

Veganer können den Honig durch Ahornsirup oder Stevia ersetzen.

🌱 Anwendung

Kalte Variante: Pressen Sie die halbe Zitrone aus, und mischen Sie den Saft mit dem kalten Wasser.

Heiße Variante: Pressen Sie die halbe Zitrone aus. Lösen Sie den Honig im heißen Wasser auf. Dann geben Sie den Zitronensaft dazu, rühren um und trinken das Zitronenwasser langsam und schluckweise.

Trinken Sie täglich 1–3 Tassen Zitronenwasser, egal, ob kalt oder heiß.

Senffußbad

Bereits vor über 3000 Jahren wurde Senf in China angebaut. Alte Schriften belegen, dass die Chinesen schon damals Senfpasten zu Heilzwecken herstellten. Senf ist vielseitig einsetzbar, nicht nur in der Küche, so zum Beispiel auch für ein wohltuendes Fußbad. Unsere Füße tragen uns ein Leben lang, und in ihnen enden etwa 72 000 Nervenbahnen. Sie verfügen damit über mehr Sinneszellen als unser Gesicht. Laut Statistiken laufen wir in unserem Leben etwa

160 000 km, also rund 4 Mal um die Welt. Grund genug, unseren Füßen eine Pause und etwas Aufmerksamkeit mit einem regenerierenden Senffußbad zu schenken.

Effekt Ein Fußbad mit Senf fördert die Durchblutung und wirkt entspannend und ableitend. Es hilft bei kalten Füßen, Rheuma, Husten und Erkältung und lindert zudem Kopfschmerzen und Migräne. Auch müden und schweren Füßen und Beinen schenkt es Erholung und neue Vitalität.

🌱 Zutaten

- 10 l Wasser
- 30 g schwarzes Senfmehl

🌱 Anwendung

Rühren Sie das Senfmehl in 35 °C bis 38 °C warmes Wasser ein. Baden Sie die Füße, bei Bedarf auch die Unterschenkel, 10–15 Minuten lang darin. Wenn Sie dann ein leichtes Brennen verspüren, verweilen Sie noch etwa 1 Minute. Duschen Sie die Füße und Unterschenkel anschließend ganz kurz mit kaltem Wasser ab. Reiben Sie sie trocken, und ziehen Sie dicke Socken an. Gönnen Sie sich etwas Ruhe.

🌱 Wichtig

Vermeiden Sie unbedingt den Kontakt mit Augen und Schleimhäuten. Bei Krampfadern baden Sie nur die Füße, nie die Unterschenkel mit. Bei zu hohem Blutdruck oder in der Schwangerschaft verzichten Sie ganz auf ein Senffußbad.

Nerventee

Hintergrund In Kräutern finden wir die geballte Kraft der Natur. Verschiedene Kräuter schenken uns Energie, andere Harmonie, und wieder andere sind gut für unsere Gesundheit. Stress und Leistungsdruck sind oft die Auslöser für innere Unruhe, Nervosität, Ängstlichkeit und Anspannungen. Aus dem Stressmanagement wissen wir, dass es oft die kleinen Dinge sind, die Großes bewirken und etwas verändern. Ein bekanntes Sprichwort lautet: »Eine Tasse Tee trinken und den Lärm der Welt vergessen.« Dieser Nerventee bietet die perfekte Grundlage, auf natürliche und gesunde Art zur inneren Ruhe und Balance zurückzufinden.

 Baldrian, Melisse, Lavendel und Hopfen wirken entspannend, beruhigend und lindern Unruhe. Alle vier Kräuter helfen bei inneren Spannungen und Nervosität und erleichtern das Einschlafen. Der Nerventee kann zur allgemeinen Beruhigung und Entspannung während des Tages oder auch gezielt vor dem Schlafengehen getrunken werden.

🌿 Zutaten

- 35 g Baldrian
- 25 g Melisse
- 25 g Lavendel
- 15 g Hopfen

Alle getrockneten Kräuter erhalten Sie in Apotheken und Drogerien. Mischen Sie die Kräuter, und füllen Sie den Nerventee in einen luftdichten Behälter.

🌿 Anwendung

Geben Sie 1 TL der Kräutermischung in eine Tasse, und übergießen Sie die Kräuter mit heißem Wasser. Lassen Sie den Tee 10 Minuten lang ziehen. Gießen Sie ihn durch ein Sieb ab, und trinken Sie ihn langsam und in kleinen Schlucken. Nehmen Sie sich bewusst Zeit, gönnen Sie sich etwas Ruhe. Wenn Sie mögen, zünden Sie eine Kerze an, und hören Sie entspannende Musik. Wohltuend und beruhigend wirken auch Räucherdüfte auf Körper und Geist, z. B. Räucherstäbchen aus Sandelholz. Trinken Sie den Nerventee etwa 30 Minuten bis 1 Stunde vor dem Zubettgehen, wenn Sie leichter, besser und ruhiger einschlafen möchten.

Energiekugeln

Hintergrund

Naschen ist etwas Wunderbares. Wenn es dann noch gesund ist, toll schmeckt und Energie für Körper und Geist schenkt, macht es noch mehr Freude. Diese Kugeln eignen sich als kleiner Energiekick für Zwischendurch und passen hervorragend zu einer Tasse grünem Tee. Auch für Kinder ist dieses Naschwerk gut geeignet. Ihnen serviert man die Energiekugeln zum Beispiel mit Bambustee.

Effekt Datteln, die reich an Vitaminen und Mineralstoffen sind, wirken heilend, Energie spendend und verdauungsfördernd. Aufgrund ihres hohen Anteils an Trauben- und Fruchtzucker sind Datteln gut für die Konzentration. Außerdem stärken sie Nerven, Herz und Kreislauf. Nüsse wirken allgemein entzündungshemmend und enthalten viele wertvolle einfach ungesättigte Fettsäuren. Sie sind hervorragende Energielieferanten. Kokosnüsse haben entgiftende Eigenschaften, und Ahornsirup wirkt stärkend, beruhigend und spendet gesunde Energie.

Zutaten

- 100 g Cashewnüsse
- 10 entsteinte, getrocknete Datteln
- 2–3 EL Ahornsirup
- 1 EL Kokosraspel
- 1 EL gemahlene Nüsse

Zubereitung

Schneiden Sie die Datteln in kleine Stücke. Zerkleinern Sie die Cashewnüsse mit einem Mörser oder Mixer. Vermischen Sie Datteln und Cashewnüsse mit Ahornsirup. Aus der kompakten Masse formen Sie nun kleine Kugeln. Das Rezept ist auf etwa 15 Energiekugeln ausgelegt. Mischen Sie Kokosraspel und gemahlenen Nüsse in einer kleinen Schüssel. Dann rollen Sie die Kugeln darin, bis sie gleichmäßig bedeckt sind.

Tipp

Benetzen Sie die Hände mit etwas Wasser. Die Masse klebt dann weniger stark an den Händen, und die Kugeln lassen sich leichter formen.

Phönix aus der Asche

Hintergrund Loslassen bedeutet, sich dem Leben zu öffnen. Doch oft binden wir Energie mit unseren Gedanken, Gefühlen und Empfindungen, z. B. Angst, Wut, Unsicherheiten oder Schuldgefühlen. Manchmal fällt es uns auch schwer, Menschen und Ereignisse loszulassen. Krampfhaft halten wir an dem fest, was wir kennen, am Vertrauten, auch wenn es uns physische und psychische Schmerzen bringt und uns große Kraft und unendlich viel Energie kostet. Es mag paradox klingen, aber das Bekannte, und sei es auch noch so unangenehm, können wir einschätzen. Wir wiegen uns in Sicherheit, weil wir die Situation kennen. Das Unbekannte ist uns fremd und gewährt uns keine Garantie auf Erfolg, und dies macht das Loslassen für uns so schwierig. Doch alles – auch unser Leben – ist einem steten Wandel unterworfen. Alles ist im Fluss, entsteht, verändert sich und vergeht. Wenn wir mit dieser Energie mitfließen, ist das Loslassen ein Gewinn und kein Verlust. Dann wird es zur natürlichsten Sache der Welt.

Effekt

Dieses kleine Ritual schenkt Ihnen Klarheit und Bewusstheit. Sie lernen, Dinge anzunehmen, um sie dann gezielt loszulassen. Neuer, freier Raum entsteht, und mit ihm entstehen unendlich viele Möglichkeiten, reines Potenzial. Die Energien kommen wieder in Fluss, innere und äußere Balance wird wiederhergestellt, Frieden und Ruhe kehren in Ihr Herz und in Ihren Geist ein.

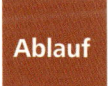

Ablauf

Halten Sie ein Stück Papier, einen Stift, ein Feuerzeug und einen feuerfesten Behälter bereit.

■ *1. Bewusstwerdung*

Lassen Sie den Bildern, Emotionen und Gedanken, die Sie loslassen möchten, in Ihrem Bewusstsein freien Raum. Schreiben, malen oder zeichnen Sie alles auf das Papier auf.

■ 2. Annehmen

Gestehen Sie sich die Empfindungen, Gefühle und Regungen in Ihrem Geist ein.

■ 3. Loslassen

Sagen Sie ganz konkret: »Ich bin bereit, loszulassen!«

■ 4. Entschuldigen und verzeihen

Entschuldigen Sie sich gedanklich bei Personen – oder auch bei sich selbst. Bitten Sie um Verzeihung – auch sich selbst –, oder vergeben Sie den Menschen, die Ihnen Schaden oder Schmerz zugefügt haben. Es spielt keine Rolle, ob diese Personen bereits verstorben sind.

■ 5. Der Phönix aus der Asche

Wiederholen Sie 3 Mal ganz konkret und in tiefem Vertrauen die Worte: »Ich bin bereit, loszulassen!« Entzünden Sie jetzt das Papier in dem feuerfesten Behälter oder an einem sicheren Ort im Freien. Beobachten Sie aufmerksam, wie das Papier vor Ihren Augen verbrennt und sich alles Belastende und Bindende auflöst. Spüren Sie die Kraft, die große Energie, die in Ihnen freigesetzt wird. Erleben Sie die Freiheit, die entsteht, wenn Sie bereit sind, loszulassen.

Wiederholen Sie diese Übung, sooft Sie mögen. Ihr Ziel ist es, sich wirklich frei und gelöst zu fühlen.

Energieöl

Hintergrund
Die Welt der Düfte ist faszinierend. Seit jeher werden Düfte eingesetzt, um das körperliche und geistige Wohlbefinden der Menschen positiv zu beeinflussen. Unsere Nase ist in der Lage, etwa 10 000 unterschiedliche Nuancen wahrzunehmen, und über die Riechzellen werden die Informationen direkt an unser Gehirn weitergegeben. Dort angekommen wecken Gerüche Erinnerung, Gefühle, Assoziationen und Empfindungen. Sie können uns ansprechen, verführen, aufwe-

cken, entspannen, neugierig und wach machen, faszinieren, beruhigen oder auch beflügeln.

Effekt Jojobaöl ist eine gute Trägersubstanz. Es pflegt die Haut und nimmt die ätherischen Öle perfekt auf. So zieht das Energieöl rasch ein und ist zudem sehr gut verträglich. Die Mischung der ätherischen Öle fördert die Konzentration, wirkt aufmunternd, stärkt die Nerven und setzt neue Energien frei. Das Energieöl wirkt erfrischend, ausgleichend, löst innere Spannungen und schenkt Tatkraft, Motivation und Selbstvertrauen. Es besteht aus 3 Teilen Kopfnote (Blutorange und Melisse), 2 Teilen Herznote (Zitrone und Pfefferminze) und 1 Teil Basisnote (Ylang-Ylang).

Zutaten

- 1 Braunglasflasche mit 50 ml Fassungsvermögen und mit einem sicheren Verschluss
- 50 ml Jojobaöl
- 14 Tropfen Blutorangenöl
- 10 Tropfen Melissenöl
- 10 Tropfen Zitronenöl
- 8 Tropfen Ylang-Ylang-Öl
- 6 Tropfen Pfefferminzöl

Achten Sie beim Kauf der Öle unbedingt auf eine hochwertige naturreine Qualität.

🌿 Anwendung

Mischen Sie die ätherischen Öle mit dem Jojobaöl. Lassen Sie das fertige Öl eine Woche lang an einem dunklen und kühlen Ort ruhen. Schwenken Sie das Energieöl jeden Tag ein wenig, damit sich alle Duftstoffe lösen. Tragen Sie ein paar Tropfen des Öls, z. B., wenn Sie sich müde, kraftlos oder ausgelaugt fühlen und einen Energieschub brauchen, auf die Innenseite Ihrer Handgelenke auf.

Strahlende Augen

Hintergrund

Schwarzer Tee gilt als Lebens- und Genussmittel. Für die Augen kann man ihn auch sehr gut als effektives Heilmittel anwenden. Unsere Augen sind täglich unzähligen Belastungen ausgesetzt. Neben umweltbedingten Einflüssen, wie schlechter Luft, Trockenheit oder starkem Wind, oder den Auswirkungen einer durchzechten Nacht belasten auch lange Computerarbeit oder mangelhafte Lichtverhältnisse die Augen.

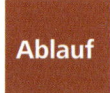

Effekt Eine Kompresse aus schwarzem Tee hilft bei müden, trockenen und geröteten Augen und wirkt lindernd bei leichten Augenreizungen und Entzündungen. Die Gerbstoffe des Tees wirken zusammenziehend. Die Kompressen geben der Haut Spannkraft zurück und lassen Augenringe und Schwellungen verschwinden. Schwarzer Tee verleiht ein frisches Aussehen und schenkt klare und strahlende Augen.

Ablauf Nehmen Sie zwei Beutel schwarzen Tee, und lassen Sie sie ein paar Minuten in heißem Wasser ziehen. Legen Sie die abgekühlten oder noch lauwarmen Teebeutel etwa 10 Minuten auf die geschlossenen Augen. Alternativ können Sie auch zwei Wattepads in den Teeaufguss eintauchen, leicht ausdrücken und auf die Augen legen.

Gewürzmilch

Hintergrund In Indien werden Kühe als heilig verehrt. Die Hindus gehen davon aus, dass Gott in allem und jedem wohnt, und in den vedischen Schriften wird die Kuh als »Wunscherfüllerin« gepriesen. Wer einer Kuh das Leben nimmt, hat nach hinduistischer Auffassung einen Mord begangen. Dementsprechend hat Kuhmilch in Indien einen besonderen Status und wird in allen Kasten, also unabhängig vom gesellschaftlichen Status einer Person, getrunken. Das Rezept dieser Gewürzmilch stammt aus der indischen Lebens- und Gesundheitslehre, dem Ayurveda.

 Heiße Gewürzmilch lässt sich einfach und schnell zubereiten. Sie hilft bei Schlafproblemen, beruhigt, nährt und entspannt. Sie fördert auch die innere Wärme, stärkt die Mitte, besänftigt das Gemüt und die Nerven.

🌱 Zutaten

- 🌰 200 ml biologische Vollmilch
- 🌰 1 TL Honig
- 🌰 je 1 Prise gemahlener Zimt, Kardamom, Kurkuma, Safran, Nelken, Ingwer und Muskatnuss

Veganer können die Milch durch Soja-, Reis- oder Haferdrink und den Honig durch Ahornsirup oder Birnendicksaft ersetzen.

🌿 Zubereitung

Geben Sie der kalten Milch die Gewürze bei. Lassen Sie die Gewürzmilch 5–10 Minuten lang köcheln. Süßen Sie die Gewürzmilch dann mit Honig, und trinken Sie sie langsam und Schluck für Schluck vor dem Zubettgehen.

Bauchatmung

Hintergrund

Die Atmung ist nicht nur die Verbindung von Körper und Geist, sondern auch die Trägerin der Lebensenergie. Der Atem versorgt jede Zelle unseres Körpers mit universeller Energie. Eine achtsame Konzentration auf die Atmung bringt unser Bewusstsein sofort wieder in die Gegenwart zurück, sie verbindet uns mit dem wahren Leben. Die Bauchatmung, auch Zwerchfellatmung genannt, ist die gesündeste Form der Atmung. Nur wenn sich das Zwerchfell, der zentrale Atemmuskel, frei bewegen kann, ist eine tiefe und ruhige Bauchatmung möglich.

Effekt

Die tiefe Bauchatmung senkt den Blutdruck, vergrößert das Lungenvolumen, versorgt den Körper optimal mit Sauerstoff, trainiert die

Bauchmuskeln und massiert sanft die Organe, die im Bauch ruhen. Stress wird abgebaut, Blockaden, Nervosität, Ängste und Verspannungen werden gelöst, und der Geist kommt zur Ruhe. Diese Atemtechnik schenkt uns frische Energie, sorgt für eine wohltuende, ganzheitliche Entspannung, fördert die Verdauung und bringt Körper und Geist wieder ins Gleichgewicht.

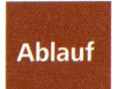 Legen Sie sich mit dem Rücken flach auf den Boden. Achten Sie auf eine symmetrisch ausgerichtete Lage des gesamten Körpers. Nutzen Sie, wenn nötig, ein kleines Kissen als Stütze für den

Kopf oder eine Rolle für die Knie. Halten Sie Ihren Körper angenehm warm. Schließen Sie die Augen, und entspannen Sie Gesicht, Arme, Hände, Beine und Füße. Werden Sie körperlich und geistig ganz ruhig. Lassen Sie los. Lenken Sie Ihre Aufmerksamkeit auf Ihre Atmung. Atmen Sie durch die Nase ein und aus. Führen Sie nun Ihre Aufmerksamkeit zum Bauch. Beim Einatmen wölbt sich der Bauch nach oben, beim Ausatmen senkt er sich wieder. Wenn Ihnen diese Übung Schwierigkeiten bereitet, legen Sie ein Kissen oder ein Buch auf Ihren Bauch. Versuchen Sie, ohne sich dabei zu verkrampfen, den Gegenstand auf Ihrem Bauch auf- und abzubewegen. Beim Einatmen wandert das Kissen nach oben, beim Ausatmen lassen Sie es herabsinken. Sie können sich auch einen Luftballon vorstellen, der sich beim Einatmen mit Luft füllt und beim Ausatmen wieder entleert. Üben Sie 5–10 Minuten lang achtsam, und bleiben Sie körperlich und geistig entspannt.

Tipp: Geübte können die Bauchatmung auch im Sitzen oder Stehen ausführen. Überprüfen Sie Ihre Atmung auch während des Tages, und versuchen Sie immer wieder einmal, tief und ruhig in den Bauch zu atmen. Bereits 10 bewusst ausgeführte Atemzüge schenken Ihnen wertvolle Energie.

Glücklicher Schlaf

Hintergrund Ein Drittel des Lebens verschlafen wir. Doch erholsamer, tiefer Schlaf ist überlebenswichtig, denn ausreichend Schlaf ist für unsere physische und psychische Gesundheit essenziell. Im Schlaf verarbeiten wir die Geschehnisse des Tages, und unser Körper lässt sein Reparaturprogramm laufen, während wir uns regenerieren und erholen. Wie viel Schlaf jeder Mensch benötigt, ist individuell. Es gibt verschiedene Schlaftypen. Ganz allgemein unterscheidet man zwischen

Kurzschläfern, die mit 5–6 Stunden Schlaf auskommen, Mittelschläfern, die etwa 6–8 Stunden Schlaf benötigen, und Langschläfern, für die 8–10 Stunden Schlaf ausreichend sind. Mindestens so wichtig wie die Anzahl der Schlafstunden ist auch die Qualität des Schlafs. Ein Schlaftuch hilft dabei, den Alltag loszulassen und sich ganz auf die Nacht und die Regeneration einzulassen.

Ein Schlaftuch sorgt für eine angenehme und erholsame Nachtruhe. Es hilft beim Einschlafen und schenkt körperliche und geistige Ruhe, Entspannung und Gelassenheit. Lavendelduft unterstützt uns beim Abschalten und Loslassen und wirkt ausgleichend und befreiend. Melisse reduziert innere Spannungen, schützt gegen Stress und Überbelastung und hilft gegen Schlaflosigkeit und Herzklopfen. Neroli, das ätherische Öl der Bitterorange, ist für seine beruhigenden Eigenschaften bekannt und vertreibt Depressionen und Ängste.

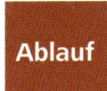

Nehmen Sie ein Stofftaschentuch, z. B. aus Leinen, und träufeln Sie je einen Tropfen Lavendel-, Melissen- und Neroliöl auf das Tuch. Denken Sie beim Einkauf daran, 100 % naturreine und im besten Fall auch biologisch hergestellte ätherische Öle zu erwerben. Legen Sie das duftende Tuch auf Ihr Kopfkissen oder auf den Nachttisch.

Wichtig: Achten Sie darauf, dass die ätherischen Öle nicht mit den Augen oder den Schleimhäuten in Kontakt kommen.

Energiesuppe

Hintergrund In Asien sind Suppen und Eintöpfe sehr beliebt. Lange gekochte Suppen, zum Teil über mehrere Tage, gelten als wahre Energiespender. Suppen sind leicht verdaulich und wärmend, geben Kraft und stärken die Mitte. In der Traditionellen Chinesischen Medizin (TCM) ist eine starke Mitte entscheidend für das körperliche und geistige Wohlbefinden und die Gesundheit. Mit einer harmonischen Mitte ruht man in sich, verdaut optimal und kann sich gut konzentrieren. Mit der Energiesuppe pflegt man seine Energie, sie ist eine solide Basis für eine gesunde, starke und ausgewogene innere Mitte.

Effekt Diese Suppe vertreibt Müdigkeit, schenkt Kraft und Energie, stärkt das Blut und die Lebenssubstanz, die sich aus Energie (Qi), Geist (Shen) und Essenz (Jing) zusammensetzt. Die Energiesuppe wirkt wärmend und sehr wohltuend bei Grippe oder

Erkältung. Sie unterstützt uns in der Rekonvaleszenz und baut Reserven auf. Auch als gesunder Pausensnack ist diese Suppe hervorragend geeignet.

🌿 Zutaten

- 3 l Wasser
- ½ Sellerieknolle
- 4 Möhren
- 1 Bund Petersilie
- 1 Lauchstange
- 1 kleine Zwiebel
- 3 rote Datteln
- 2 Knoblauchzehen
- 3 Lorbeerblätter
- 1 kleines Stück frischer Ingwer
- 2 TL Meersalz
- ¼ TL frisch gemahlener Pfeffer

Zubereitung

Waschen Sie Petersilie, Sellerie, Möhren und Lauch. Die Petersilie geben Sie ganz in die Suppe. Sellerie, Möhren und Lauch schneiden Sie in mundgerechte Stücke. Schälen und schneiden Sie Zwiebel, Ingwer und Knoblauch klein. Geben Sie alle Zutaten inklusive Datteln, Lorbeer, Salz und Pfeffer in einen großen Topf, und bringen Sie alles zum Kochen. Verschließen Sie den Topf fest mit einem Deckel, und lassen Sie die Suppe auf kleiner Flamme 6–8 Stunden köcheln. Gießen Sie die Suppe durch ein Sieb. Trinken Sie jeden Tag 3–4 Tassen der kraftvollen Energiesuppe. Nehmen Sie die Suppe heiß zu sich, erwärmen Sie sie aber nicht in der Mikrowelle. Die Energiesuppe können Sie problemlos 2–3 Tage im Kühlschrank aufbewahren.

Tipp »Shimus Nudelsuppe«

Kochen Sie in 500 ml der Energiesuppe ungefähr 60 g (entspricht etwa 1 Nest) asiatische Nest-Nudeln (Reisnudeln oder Weizennudeln) weich. Halbieren Sie 3–5 Shiitake. Geben Sie die Pilze mit einer Handvoll knackiger Sojasprossen zur Nudelsuppe. Schmecken Sie alles mit 1–2 TL Sojasauce und ein wenig Chili ab, und garnieren Sie die Nudelsuppe mit frischen Alfalfa-Sprossen. Diese Nudelsuppe ist einfach köstlich und steckt voller positiver und kräftigender Energie!

Entrümpeln

Hintergrund Besitz besitzt uns! Denn auch Gegenstände binden Energie. Sie rauben uns Zeit und Aufmerksamkeit. Sie wollen gepflegt, beachtet und gebraucht werden. Weniger Besitz heißt also auch weniger Anhaftung und somit weniger Probleme. Festhalten und Sammeln blockiert den Fluss der Energie. Und Stagnation bedeutet, in einer Lebenssituation zu verharren oder sich an Menschen oder eben auch an Dingen festzukrallen. Ein altes Sprichwort lautet: »Aus den Augen, aus dem Sinn!«

Effekt Regelmäßiges Entrümpeln befreit nicht nur die Wohnung, sondern es schafft auch wertvollen Freiraum für den Geist. Ausmisten heißt Ballast loswerden, sowohl auf materieller als auch auf spiritueller Ebene. Der Kopf wird frei, und wir erfahren Klarheit und Übersicht. Unordnung fördert Stress und macht launisch. Zu viele Gegenstände engen ein, versperren die Sicht auf das Wesentliche. Aussortieren, Wegwerfen oder Verschenken setzt neue, positive und heilsame Energien frei. Nur wenn wir Altes überwinden, erfahren wir Neues. Je mehr wir auf körperlicher und geistiger Ebene loslassen, desto mehr Lebensenergie und freier Raum stehen uns zur Verfügung – und desto mehr leben wir aus uns selbst, aus unserer Mitte heraus.

Ablauf Nehmen Sie sich jeden Tag ein Zimmer Ihrer Wohnung oder Ihres Hauses vor. Sie können sich dafür auch am Wochenende Zeit nehmen oder ein paar freie Tage in einen befreiten Alltag investieren. Gehen Sie systematisch vor, und entrümpeln Sie jede Schublade, jeden Schrank und jeden Winkel Ihres Heims. Werfen Sie alles weg, was Sie nicht mehr benötigen und auch nicht mehr spenden, verschenken oder verkaufen können. Horten Sie nichts aus dem Bedürfnis nach Sicherheit heraus. Lösen Sie sich auch von dem quälenden Gedanken, dass Sie den Gegenstand vielleicht noch einmal brauchen könnten. Lassen Sie ganz bewusst los.

Wichtig: Loslassen heißt nicht nur, sich von Sachen zu trennen, sondern auch, ganz bewusst weniger Neues zu kaufen!

Energiepeeling

Hintergrund

In vielen Ländern der Welt gehören Oliven auf den täglichen Speiseplan. Ein spanisches Sprichwort lautet: »Iss 7 Oliven pro Tag!« Oliven senken den Cholesterinspiegel und den Blutdruck, schützen das Herz und beugen Arterienverkalkungen vor. Oliven schützen den Körper aber nicht nur von innen, Olivenöl und Extrakte aus Oliven sind auch beliebte Schönheitsmittel. Für alle, die Oliven lieben: Genießen Sie zum pflegenden Ganzkörperpeeling 7 Oliven.

Effekt

Ein Peeling reinigt und pflegt die Haut. Es schenkt ihr Feuchtigkeit und Frische. Abgestorbene Hautzellen werden dabei sanft entfernt, die Haut gewinnt an Strahl- und Spannkraft. Zucker ist reich an pflegenden Vitaminen und Mineralstoffen, und die feinen Zuckerkristalle befreien die Haut sanft von Hornschüppchen, regen die Durchblutung an und versorgen die Haut mit Feuchtigkeit. Honig wirkt zudem klärend

und beruhigend. Nach diesem Energiepeeling ist die Haut zart und weich und außerdem wunderbar gepflegt.

👋 Zutaten

👋 4 EL Zucker
👋 2–3 EL Olivenöl
👋 2 TL Honig

Veganer lassen den Honig weg und nehmen mehr Zucker bzw. weniger Olivenöl, damit ein streichfähiger Brei entsteht.

🥦 Anwendung

Geben Sie Zucker und Honig in eine Schüssel, und vermischen Sie beides mit Olivenöl. Ein Brei, der sich gut auftragen lässt, sollte entstehen. Achtung: Der Zucker soll sich beim Vermischen nicht auflösen. Massieren Sie den Brei nach dem Duschen mit kreisförmigen Bewegungen in die Haut ein. Das Peeling muss nicht einwirken. Sie können Ihren Körper nach dem Auftragen mit Wasser abduschen. Das Olivenöl pflegt die Haut rückfettend – eine Bodylotion ist also nicht mehr nötig. Verwöhnen Sie sich mit diesem Ganzkörperpeeling 1 bis 2 Mal pro Woche.

Bindungen lösen

Loslassen und Bindungen auflösen bedeutet nicht, eine Person zu vergessen. Es bedeutet, das anzunehmen, was war und was jetzt ist, und darüber hinaus mit sich und dem anderen ins Reine zu kommen. Wer fähig ist loszulassen, befreit sich von einer großen Last. Wir legen damit den Rucksack mit den gebundenen Energien ab, das Gewicht, das unseren persönlichen Lebensfluss blockiert und uns vom wahren Dasein, dem eigenen Leben abhält. Auf diese Weise lösen wir die Anhaftung, den Widerstand oder die Distanz auf, die sich, bewusst oder unbewusst, zwischen uns und einer anderen Person entwickelt und aufgebaut hat. Energien sind nicht zerstörbar, sondern nur wandelbar. Dieses universelle Gesetz machen wir uns mit dem nachfolgenden Ritual zunutze.

Effekt Diese einfache Übung hilft, inneren und äußeren Frieden mit sich und anderen zu schließen. Vielleicht können oder wollen Sie den direkten Kontakt mit einer Person (noch) nicht eingehen. Dieses Ritual unterstützt Sie dabei, Geschehenes zu verarbeiten, Menschen oder Emotionen loszulassen und so wieder zu innerer Ruhe und Gelassenheit zurückzufinden. Es ist auch eine wunderbare Möglichkeit, Menschen loszulassen, die nicht mehr am Leben sind. Leichter, stärker und selbstbewusster können Sie dann wieder durch das Leben gehen.

Ablauf Suchen Sie einen ruhigen Ort auf, an dem Sie etwa 20 Minuten ungestört verweilen können. Wenn Sie mögen, zünden Sie eine Kerze an, und lassen Sie etwas Räucherwerk abbrennen. Setzen Sie sich auf einen Stuhl, oder nehmen Sie Ihre bevorzugte Meditationshaltung ein. Halten Sie Ihren Körper warm. Lenken Sie Ihre Aufmerksamkeit sanft auf Ihre Atmung. Lassen Sie den Atem durch die Nase fließen. Stellen Sie sich entweder den Menschen vor, den Sie mit all Ihren guten Wünschen und Ihrer ganzen Liebe loslassen möchten, oder die Person, mit der Sie sich Klarheit und

Frieden wünschen. Vor Ihrem inneren Auge können Sie erkennen, dass Sie mit diesem Menschen auf drei Ebenen geistig verbunden sind. Ein energetisches Band verbindet Sie auf der Ebene des Kopfes, eines auf der Ebene des Herzens und ein weiteres auf der Ebene des Bauches. Stellen Sie sich nun vor, wie Sie mit einer Schere ein Band nach dem anderen durchtrennen. Die Energie fließt dann jeweils in gleichen Teilen zu Ihnen und zu der anderen Person zurück. Jeder erhält seinen Anteil zurück und kann vollständig, unabhängig und losgelöst von allen Bindungen seinen weiteren Lebensweg gehen. Verweilen Sie noch einen Moment in Ruhe und Stille, und genießen Sie die zurückgewonnene Freiheit.

Tipp: Wiederholen Sie das Ritual, sooft Sie mögen. Ganz intuitiv werden Sie spüren, wann die Übung ihren Zweck erfüllt hat.

 *Ingwerwasser*

 Hintergrund Ingwer wird seit über 3000 Jahren als Gewürz beim Kochen verwendet. Die Traditionelle Chinesische Medizin und auch die indische Heilkunst Ayurveda sprechen Ingwerwasser natürliche Heilkräfte zu. Ingwer schenkt schnell Energie und wirkt auf Körper und Geist. Ingwerwurzeln stecken voller wertvoller Vitamine, Mineralien und Spurenelemente. Den scharfen Geschmack verdankt Ingwer dem Gingerol.

 Effekt Heißes Ingwerwasser wärmt die Mitte, stärkt die Verdauung, unterstützt die Entschlackung, fördert den Stoffwechsel und die Entgiftung, reguliert das Gewicht und regt die Entwässerung an. Es wirkt krampflösend, anregend, hilft bei leichten Magenbeschwerden und beugt Erkältungskrankheiten vor.

👍 Zutaten

- 👍 300 ml Wasser
- 👍 1 Stück frischer Ingwer

🌱 Zubereitung

Kochen Sie das Wasser mindestens 10 Minuten lang. Schneiden Sie den Ingwer in kleine, feine Scheiben, und geben Sie ihn in eine Tasse. Übergießen Sie die Ingwerscheiben mit dem heißen Wasser, und lassen Sie das Ingwerwasser ein paar Minuten ziehen. Trinken Sie es langsam und schluckweise.

Einen Fisch fangen

Hintergrund Qi Gong, die chinesische Bewegungsform zur Energiepflege, kennt tausende einfache, verblüffende und sehr wirkungsvolle Techniken zur Kultivierung der körperlichen und geistigen Gesundheit. Einer dieser kleinen Schätze ist die Übung »Einen Fisch fangen«, ein bekanntes Fingerspiel aus dem Finger-Qi-Gong.

 **Effekt** Diese einfache Übung verbindet die linke und die rechte Gehirnhälfte miteinander. Sie stärkt die Konzentrations- und Leistungsfähigkeit des Gehirns und wirkt ausgleichend und harmonisierend.

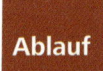 **Ablauf** Bringen Sie die geschlossenen Handflächen auf Höhe der Brust zusammen. Entspannt und mit aufrecht gehaltenem Kopf sollen Sie Ihre Hände sehen können. Die Finger zeigen nach oben. Schieben Sie die linke Hand so weit nach oben, dass Sie die Finger der rechten Hand umgreifen können. Schieben Sie die linke Hand nun wieder zurück. Wiederholen Sie die Bewegung mit der rechten Hand. Bewegen Sie abwechselnd die linke und rechte Hand. Achten Sie darauf, dass der Kontakt zwischen den Händen immer bestehen bleibt. Der Wechsel zwischen beiden Händen erfolgt übergangslos, also ohne Pause. Wiederholen Sie diese Übung in zügigem Tempo etwa 1 Minute lang oder mindestens 38 Mal. Sie können diese Qi-Gong-Übung täglich machen, sooft Sie mögen.

Schutzmeditation

Hintergrund Diese Farbmeditation wird auch »Tower of Light« genannt. Die Farbe Blau steht für Ruhe, Erholung, Regeneration, Entspannung, Zufriedenheit, Harmonie, Vertrauen, Schutz, Sicherheit, Frieden, Heiterkeit, Freiheit, Hingabe, Inspiration und Unendlichkeit. Die Farbe Weiß steht für Klarheit, Reinheit, Vollkommenheit, Weite, Leere, Transzendenz, Licht, Heilung, Weisheit, Mitgefühl, Aufrichtigkeit, Frieden, Spiritualität und Erleuchtung. Zusammen bilden beide Farben die perfekte Symbiose für eine Schutz- und Heilungsmeditation.

Effekt Die Schutzmeditation stärkt die innere Kraft und schützt vor negativen äußeren Einflüssen. Sie fördert den Prozess der inneren und äußeren Heilung und schenkt Bewusstsein und Frieden. Sie hilft uns dabei, physische und psychische Grenzen zu ziehen, und spendet Freude, Furchtlosigkeit, Klarheit und Energie.

 **Ablauf** Nehmen Sie Ihre bevorzugte Meditationshaltung ein. Atmen Sie entspannt durch die Nase ein und aus. Richten Sie Ihre Aufmerksamkeit sanft auf den Punkt zwischen Ihren Augenbrauen. Visualisieren Sie über Ihrem Kopf eine leuchtend weiße Kugel. Stellen Sie sich vor, wie eine kräftige, blaue Hülle Sie und die weiße Kugel in einem Abstand von etwa 30 cm umgibt. Lenken Sie Ihre Achtsamkeit wieder auf die weiße Kugel, aus der nun weißes, funkelndes Licht in Ihren Körper strömt. Nehmen Sie wahr, wie das klare, helle Licht ganz langsam Ihren Körper von den Füßen her auffüllt. Ihre Füße, Ihre Unterschenkel, Ihre Oberschenkel, Ihr Gesäß, Ihre Hüfte, Ihr Rücken, Ihr Bauch, Ihr Brustraum, Ihre Schultern, Ihre Hände, Ihre Unterarme, Ihre Oberarme, Ihr Hals und Ihr Kopf sind nun von diesem weißen, leuchtenden und klaren Licht erfüllt. Ihr ganzer Körper leuchtet in hellem, schönem Licht. Das weiße Licht fließt über Ihren Kopf hinaus und an Ihrem Körper entlang zum Boden. Es füllt langsam den Raum zwischen Ihnen und der blauen Hülle auf. Wenn Sie sich von außen betrachten, sehen Sie sich angefüllt mit weißem Licht, umgeben von wei-

ßem Licht und eingehüllt in eine blaue Schutzhülle. Sie fühlen sich sicher und geborgen. Sie empfinden Frieden und Harmonie. Sie spüren die innere Kraft und Klarheit. Verweilen Sie ein paar Minuten in dieser geistigen und körperlichen Haltung, und spüren Sie nach.

Lippenpflege

Unsere Lippen werden beim Essen, Sprechen und beim Minenspiel beansprucht. Aufgrund ihrer hohen Nervendichte gelten sie auch als erogene Zonen. Die Haut der Lippen ist sehr dünn, weshalb sie rasch austrocknen, spröde werden und einreißen kann. Eine gute Durchblutung und eine regelmäßige Pflege sind also sehr wichtig.

Honig hilft bei spröden, rissigen und trockenen Lippen ganz gezielt. Er pflegt reichhaltig, spendet Feuchtigkeit und hat eine beruhigende und antibakterielle Wirkung. Honig macht die Lippen wieder zart, weich und geschmeidig und ist zudem reich an Vitaminen und Antioxidantien.

Ablauf Tragen Sie etwas Honig mit dem Finger oder einem Wattestäbchen auf die Lippen auf. Je dickflüssiger der Honig ist, desto besser. Lassen Sie ihn mindestens 10 Minuten einziehen, bevor Sie ihn mit lauwarmem Wasser sanft entfernen. Am wirkungsvollsten ist es, den Honig über Nacht einwirken zu lassen oder ihn nach dem Duschen, Baden oder nach der Sauna aufzutragen, denn dann sind die Poren der Haut erweitert und die Pflegestoffe werden besser aufgenommen.

Tipp: Sie können den Honig auch mit etwas Mandelöl mischen und dann auftragen. Veganer verwenden statt Honig nur Mandelöl für die Lippenpflege.

Mondatmung

Hintergrund Die Mondatmung ist das Gegenstück zur Sonnenatmung. Auch sie gehört in die Kategorie der einfachen Techniken des Pranayama. Sie ist leicht durchzuführen und auch für Anfänger sehr gut geeignet. Die Natur entsteht inmitten von Gegensätzen, und auch in uns Menschen sind die beiden polaren Kräfte, Männlich und Weiblich, immer vorhanden. Wir können uns die heilsamen Eigenschaften der allgemeinen Gesetze des Lebens für Körper und Geist zunutze machen, wenn wir gezielt mit diesen Energien arbeiten.

Effekt Das linke Nasenloch steht im Pranayama für den Mond, hier endet die Energieleitbahn »Ida«. Die Mondatmung aktiviert das weibliche Prinzip. Sie spendet Ruhe, wirkt kühlend, zusammenziehend und ableitend. Sie nimmt auf, entspannt, schenkt Mitgefühl und inneren Frieden und weckt die Intuition.

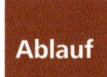 **Ablauf** Setzen Sie sich aufrecht auf einen Stuhl, oder nehmen Sie Ihre bevorzugte Haltung für eine Sitzmeditation am Boden ein. Halten Sie den Rücken gerade, schließen Sie die Augen, entspannen Sie die Gesichtsmuskeln, und atmen Sie ein paar Mal ruhig und gelassen durch die Nase ein und aus. Verschließen Sie dann mit dem rechten Zeigefinger das rechte Nasenloch. Atmen Sie entspannt nur noch durch das linke Nasenloch ein und aus. Verweilen Sie so mindestens 5 Minuten lang. Danach lösen Sie den Zeigefinger und atmen nochmals ganz bewusst und entspannt für ein paar Atemzüge durch beide Nasenlöcher ein und aus.

Wichtig: Führen Sie diese Übung nicht durch, wenn Sie erkältet sind.

Als Ergänzung eignet sich wunderbar die »Sonnenatmung« (S. 13).

Grüntee

Hintergrund Tee kennt man als heißes Aufgussgetränk, das aus Teilen der Teepflanze (Camellia sinensis) zubereitet wird. Am Anfang ist Tee immer grün. Erst die Verarbeitung entscheidet darüber, ob er grün bleibt oder mittels Fermentation z. B. zu Schwarztee verändert wird. »Ein Bad erfrischt den Körper, eine Tasse Tee den Geist«, lautet ein bekanntes japanisches Sprichwort. Tee ist also mehr als ein Getränk. Er hat die Kraft, uns mit unserer wahren Natur zu verbinden. Denn in einer Schale Tee steckt der Geschmack der ganzen Welt.

 Grüner Tee gilt als Heilmittel, da er nicht fermentiert wurde und ganzheitlich auf Körper und Geist wirkt. Er erhöht die Konzentration, steigert die Leistungsfähigkeit, lindert Magen- und Darmprobleme und stärkt die Blutgefäße. Außerdem wirkt er antibakteriell, karies- und entzündungshemmend, antirheumatisch, harntreibend und entgiftend. Grüner Tee bindet freie Radikale, reduziert Stresshormone, unterstützt die Leberfunktion, senkt den Blutzucker- und den Cholesterinspiegel. Auch unseren Geist macht er klar und frisch und hilft zudem bei Depressionen.

 Gießen Sie grünen Tee immer frisch auf. Das Aroma entfaltet sich viel besser, wenn Sie eine kleine Kanne und kleine Tassen verwenden. Achten Sie darauf, dass Sie die Wassertemperatur überprüfen, bevor Sie die losen Teeblätter übergießen. Das Wasser darf nicht zu heiß sein. Beim Einkauf empfiehlt es sich, auf qualitativ hochwertigen Grüntee zurückzugreifen. Auch die Qualität des Wassers ist nicht zu unterschätzen. Sowohl zu hartes als auch zu weiches Wasser kann den Geschmack des Grüntees beeinträchtigen. Grundsätzlich entscheidet die Ziehdauer darüber, ob der Tee leicht anregend (längere Ziehdauer) oder stärker anregend (kürzere Ziehdauer) wirkt. Mengenangaben, Angaben zur Ziehdauer und zur Wassertemperatur finden Sie immer auf der Verpackung. Oder Sie erkundigen sich im Teegeschäft Ihres Vertrauens danach.

Wichtig: Bereiten Sie Ihre Schale Tee immer mit einem Lächeln zu, und genießen Sie Ihren Tee in Ruhe und Frieden.

Der kleine Wikinger

Hintergrund Unser Körper besitzt viele wichtige energetische Punkte. Ein solcher Punkt sitzt direkt in der Mitte zwischen Nase und Oberlippe. Er wird »Menschenmitte« genannt. »Der kleine Wikinger« stammt aus dem Qi Gong. Diese unkomplizierte Übung kann jederzeit und überall ausgeführt werden. Man braucht keine Hilfsmittel, denn Nase und Zeigefinger hat man immer dabei.

Effekt Diese Übung lindert leichte Schmerzen im Rücken und hilft bei psychischen Belastungen und Störungen. Sie regt die Denk- und Konzentrationsfähigkeit an und macht wach, präsent und fit.

Ablauf Sie erinnern sich vielleicht an Wickie, die Zeichentrickfigur aus der TV-Serie »Wickie und die stärken Männer«. Reiben Sie wie der kleine Wikinger etwa 1 Minute lang mit dem Zeigefinger unter der Nase hin und her. Halten Sie dabei die Gesichtsmuskeln entspannt, und atmen Sie gelöst und ruhig durch die Nase ein und aus. Wiederholen Sie diese Übung täglich, sooft Sie mögen.

Die Kraft der Farben

Hintergrund Farben wirken auf unseren Körper und auf unseren Geist. Bereits im alten China war die Heilwirkung von Farben bekannt, doch auch im Westen wird die Farbtherapie schon seit Längerem bei den verschiedensten physischen und psychischen Beschwerden erfolgreich angewendet. Bereits mit einfachen Mitteln ist es möglich, die eigene Stimmung zu verändern, die Ausstrahlung zu verbessern, gezielt Eigenschaften zu fördern, blockierte Energien wieder zum Fließen zu bringen und neue Kraft zu tanken.

Effekt

Die Farbe Grün beruhigt, besänftigt und schafft Raum für Harmonie. Sie steht für Zufriedenheit, Hoffnung, Geborgenheit, Erholung, Gleichgewicht, Leben und Frische. Grün schenkt Entspannung, Toleranz, Beharrlichkeit, Beweglichkeit und Erfolg.

Die Farbe Gelb weckt die Freude, die Fantasie, die Heiterkeit, die Lebenslust und den Optimismus. Sie unterstützt die Konzentration, das Lernen, den Intellekt und die geistigen, mentalen Fähigkeiten. Gelb steht für Kreativität, Licht und Erleuchtung.

Die Farbe Orange wirkt anregend und aktivierend. Sie stärkt den Mut, die Lebensfreude, die Unabhängigkeit und die Ausgelassenheit. Orange spendet Kraft, lockert, stärkt das Immunsystem, aktiviert und fördert die Geselligkeit und Fröhlichkeit.

Die Farbe Rot aktiviert, belebt und wärmt. Sie wirkt vitalisierend und kraftvoll. Rot steht für Liebe, Mut, Ausdauer, Dynamik, Temperament, einen starken Willen und Sinnlichkeit. Sie fördert die Leidenschaft und die Entschlossenheit.

Die Farbe Violett inspiriert, öffnet und entspannt. Sie ist die spirituelle Farbe und befreit von negativen Einflüssen. Violett unterstützt die Meditation, die Kommunikation und den Prozess der Reinigung. Sie steht für Würde, Empfindsamkeit und Weisheit.

Die Farbe Blau wirkt klärend und kühlend. Sie beruhigt und steht für Frieden, Weite, Passivität, Stille, Tiefgründigkeit, Wahrheit und Unendlichkeit. Blau baut Stress ab, verbessert die Kommunikation und steht für Regeneration, Erholung, Gelassenheit und Freundschaft.

Die Farbe Braun erdet. Sie steht für Geborgenheit, Genuss, Bequemlichkeit, Stabilität, Sicherheit und das Mütterliche. Braun fördert die Erkenntnis, die Gelassenheit und die Zuversicht.

Die Farbe Weiß steht für Unschuld, Reinheit, Vollkommenheit, Bescheidenheit, Sauberkeit, Licht, Glück, Frieden und Freude. Sie symbolisiert den Glauben, die Wahrheit, die Heilung und das Neue.

Die Farbe Schwarz steht für Klarheit, Individualität, Risikofreude, Mystik, Würde, Sachlichkeit, Kompetenz, Eleganz und Macht. Sie fördert Kreativität, Spiritualität, Frieden und Vollkommenheit.

Ablauf Seien Sie mutig und experimentierfreudig. Ihrer Fantasie sind keine Grenzen gesetzt. Probieren Sie die folgenden Tipps aus, und machen Sie Ihre eigenen Erfahrungen:

- Tragen Sie braune Socken oder braune Schuhe, um sich zu erden und Stabilität zu erfahren.
- Binden Sie sich bei einem wichtigen Gespräch oder einem langen Vortrag einen blauen Schal um den Hals. Damit stärken Sie Ihre Kommunikationsfähigkeit.
- Tragen Sie schwarze Kleidung, mit der Sie sich abgrenzen und Kompetenz ausstrahlen.

- Verwenden Sie beim nächsten Familientreffen orange Tischsets, um die Geselligkeit und den Appetit zu fördern.
- Hüllen Sie sich bei der nächsten Meditation in ein violettes Tuch, um sich für die geistige Welt zu öffnen.
- Beziehen Sie Ihr Bett mit weißer Bettwäsche. Das fördert den inneren Frieden und aktiviert die Heilung, während Sie schlafen.
- Tragen Sie einen roten Mantel. Sie strahlen Dynamik aus und lenken so die Aufmerksamkeit auf sich.
- Setzen Sie ein paar gelbe Akzente in Ihrem Arbeitsraum, um die Kreativität, das Denken und die Konzentrationsfähigkeit zu unterstützen.
- Schenken Sie Ihren Augen Erholung, Ruhe und Entspannung, indem Sie mehrmals am Tag Ihren Blick über grüne Wiesen und Wälder schweifen lassen. Schon eine Grünpflanze oder eine grüne Kaffeetasse können am grauen Arbeitsplatz helfen.

Entgiftungsatmung

Hintergrund Diese Atemtechnik hat ihren Ursprung im Qi Gong. Sie kann jederzeit und ohne Hilfsmittel praktiziert werden, und die Wirkung ist sofort spürbar. In Parkanlagen in China und Taiwan sieht man früh morgens oft ältere Menschen, die diese Entgiftungsübung täglich beim Sonnenaufgang praktizieren. Nach ein paar Wiederholungen, einer Tasse Tee und einem gemütlichen Schwatz mit Gleichgesinnten machen sie sich frisch gestärkt auf den Heimweg oder gehen zur Arbeit.

Effekt Diese einfache Atemübung wirkt reinigend, heilend, entgiftend und befreiend. Sie belebt den ganzen Körper, löst Stagnation und Blockaden, bringt die Energien wieder zum Fließen und erhöht allgemein die Sauerstoffaufnahme.

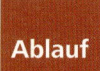
Ablauf Stehen Sie aufrecht und stabil auf dem flachen Boden. Ihre Füße befinden sich etwa auf Hüftbreite. Schließen Sie die Augen, und atmen Sie entspannt ein paar Mal durch die Nase ein und aus. Atmen Sie dann tief und bewusst durch die Nase ein. Halten Sie die Luft an, und klopfen Sie Ihren gesamten Oberkörper, von oberhalb der Brust bis hinab zum Bauch, mit den Handflächen ab. Atmen Sie dann hörbar und kräftig mit einem Ssssss-Laut durch den Mund aus. Zischen Sie wie eine Kobra. Wiederholen Sie diese Übung mindestens 3 Mal. Lassen Sie sich Zeit, um nachzuspüren, sich zu entspannen und die Übung nachwirken zu lassen.

Wichtig: Das Einatmen erfolgt immer durch die Nase, das Ausatmen durch den Mund.

Haarpackung

Hintergrund
Ein Mensch trägt durchschnittlich etwa 5 Millionen Haare am gesamten Körper. Davon sitzen 90 000 bis 150 000 Haare auf dem Kopf, wobei das Kopfhaar eine Lebensdauer von 2–6 Jahren hat. Unsere Haarlänge ist genetisch vorgegeben und somit individuell verschieden, und jedes einzelne Haar hat seinen eigenen Wachstumsrhythmus. Blonde Haare sind am dünnsten, rote Haare hingegen am dicksten. Dafür haben Blondschöpfe die meisten Haare auf dem Kopf, Brü-

nette und Schwarzhaarige deutlich weniger, aber nicht so wenig wie Rothaarige. Doch für alle Farben und Formen gilt: Haare wollen gesund, schön und gepflegt sein.

 Mandelbäume werden bereits seit 4000 Jahren kultiviert, und Mandelöl wird ebenfalls seit langer Zeit in der Schönheitspflege verwendet. Mandelöl beruhigt die Kopfhaut, hilft bei Spliss und wirkt sprödem, trockenem und stumpfem Haar entgegen. Es verleiht dem Haar einen gesunden, schönen Glanz. Eine Mandelölpackung beruhigt die Kopfhaut und macht die Haare fester, kräftiger und widerstandsfähiger.

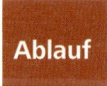 Verwenden Sie kalt gepresstes Mandelöl. Achten Sie darauf, dass Sie das Öl in einer dunklen Flasche an einem lichtgeschützten Ort aufbewahren, damit die wertvollen Inhaltsstoffe erhalten bleiben. Geben Sie das Mandelöl auf die trockenen Haare und die Kopfhaut. Nehmen Sie nicht zu viel auf einmal, sondern geben Sie nach und nach etwas Öl auf die Haare. Reiben Sie das Öl sanft ein. Bedecken Sie Ihre Haare mit einem Kopftuch oder einem Handtuch, und lassen Sie die Haarpackung mindestens 1 Stunde einziehen. Am besten ist es, wenn Sie das Mandelöl über Nacht einwirken lassen. Achten Sie darauf, dass Sie Ihr Kopfkissen mit einem Tuch schützen. Spülen Sie Ihre Haare mit

warmem Wasser bzw. waschen Sie sie so lange, bis das Öl entfernt ist. Nach dem Waschen benötigen Sie keine Pflegespülung mehr. Verwöhnen Sie Ihr Haar 1 bis 2 Mal pro Woche mit solch einer Mandelölpackung.

Tipp: Lassen Sie Ihre Haare lieber lufttrocknen, anstatt sie zu föhnen. Wenn Haare geföhnt werden, gilt die Regel: Je trockener das Haar ist, desto kühler sollte die Temperatur des Föhns sein. Und je nasser das Haar ist, desto wärmer kann der Föhn eingestellt werden.

Die Wirbelsäule rollen

Hintergrund Unsere Wirbelsäule setzt sich aus 7 Halswirbeln, 12 Brustwirbeln, 5 Lendenwirbeln, 5 Kreuzbeinwirbeln und 3 bis 4 Steißbeinwirbeln zusammen. Die Wirbelsäule ermöglicht es uns, unseren Körper in alle Richtungen zu bewegen. Sie hat zudem eine schützende und stützende Funktion, denn sie federt Stöße ab. Und dank ihr können wir aufrecht gehen. Unser Rücken ist von Natur aus so angelegt, dass er sowohl hohe körperliche und als auch geistige Anfor-

derungen (er)tragen kann. Bedingung ist aber, dass wir achtsam und wohlwollend mit ihm umgehen und ihm immer wieder die nötige Entlastung, Entspannung und Zeit für Regeneration schenken.

 Diese einfache Übung massiert die Wirbelsäule, lockert die Muskeln, erfrischt und belebt den ganzen Körper und den Geist.

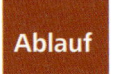

Ablauf Setzen Sie sich auf einer weichen Unterlage, z. B. einer Yogamatte, auf den Boden. Ziehen Sie die Knie im Sitzen zur Brust, und umfassen Sie die Schienbeine mit den Händen. Bringen Sie das Kinn möglichst nahe ans Brustbein heran. Achten Sie darauf, dass der Rücken rund ist. Atmen Sie bewusst ein, und rollen Sie sich beim Ausatmen nach hinten ab. Atmen Sie wieder bewusst ein, und rollen Sie nach vorn zurück in die Sitzhaltung. Rollen Sie immer nur so weit zurück, wie Sie können und wie es die Dehnung zulässt. Vielleicht kommen Sie mit den Füßen hinter dem Kopf auf den Boden an. Rollen Sie etwa 10 Mal vor und zurück im Rhythmus Ihrer Atmung. Bleiben Sie ein paar Atemzüge lang entspannt und flach am Boden liegen.

Achtung: Führen Sie diese Übung nicht aus, wenn Sie unter Rücken- oder Nackenbeschwerden leiden.

Mundspülung

Hintergrund Unser Mund ist nicht nur an der Atmung und der Stimmbildung beteiligt, sondern auch an der Verdauung. Die Speicheldrüsen im Mund produzieren pro Tag etwa 1,5 l Speichel, der die Nahrung befeuchtet und die Speisen vorverdaut. Er ist außerdem für die Gesundheit der Mundflora und der Zähne verantwortlich, unterstützt uns beim Riechen und ermöglicht uns das Schlucken, Sprechen und Schmecken. Eine Mundspülung unterstützt die gesamte Mundhygiene.

Effekt Diese Mundspülung wirkt entzündungshemmend und keimtötend. Sie pflegt das Zahnfleisch, reduziert Karies und erfrischt den Atem.

Zutaten

- 1 Braunglasflasche mit 250 ml Fassungsvermögen und mit einem sicheren Verschluss
- 250 ml destilliertes Wasser
- 5 Tropfen Teebaumöl
- 3 Tropfen Nelkenöl
- 3 Tropfen Eukalyptusöl
- 2 Tropfen Zitronenöl
- 1 Prise Meersalz

Achten Sie beim Kauf auf hochwertige, naturreine und biologische Produkte.

Zubereitung und Anwendung

Geben Sie das Wasser, die ätherischen Öle und das Meersalz in die Flasche. Verschließen Sie die Flasche gut, und schütteln Sie sie kräftig. Lassen Sie die Mundspülung mindestens einen Tag lang ziehen. Vor Gebrauch der Mundspülung schütteln Sie kurz die Flasche. Diese Mundspülung ist knapp zwei Wochen haltbar.

Verwenden Sie die Mundspülung wie jede herkömmliche Spülung, also 1 bis 3 Mal täglich. Nehmen Sie nach dem Zähneputzen einen Schluck, gurgeln Sie, und spucken Sie die Flüssigkeit anschließend aus.

 Tipp

Geben Sie der fertigen Mischung noch ein paar frische Kräuter bei, z. B. ein paar Blätter Pfefferminze, Salbei und einen Thymianzweig. Dadurch reduziert sich allerdings die Haltbarkeit der Mundspülung auf etwa eine Woche. Bevor Sie die Flasche wiederverwenden, müssen Sie sie gründlich mit heißem Wasser reinigen.

Indischer Energiedrink

 Dieser Energiedrink stammt aus der indischen Gesundheitslehre Ayurveda. Er ist im Handumdrehen zubereitet und schmeckt einfach köstlich. Auch als alkoholfreier und gesunder Aperitif ist dieses Getränk sehr zu empfehlen.

Effekt Mangos enthalten viele wertvolle Mineralien, Spurenelemente und Vitamine. Sie wirken beruhigend und Stress abbauend, fördern die Hauterneuerung und regen den Appetit und die Verdauung an. Außerdem schützen sie den Körper vor freien Radikalen und haben eine antibakterielle Wirkung. Orangen senken den Blutdruck und den Cholesterinspiegel und stärken das Immunsystem. Limetten wirken stimmungsaufhellend, desinfizierend und zusammenziehend. Ahornsirup ist ein perfekter Energielieferant. Garam Masala ist eine indische Gewürzmischung, die den Körper erwärmt und die Verdauung fördert.

Zutaten

- 3 reife Mangos
- 300 ml frisch gepresster Orangensaft
- 1 EL Ahornsirup
- 1 EL frisch gepresster Limettensaft
- ½ TL Garam Masala

Zubereitung

Schälen Sie die Mangos, und schneiden Sie das Fruchtfleisch am Stein entlang ab. Pürieren Sie das Fruchtfleisch mit einem Stabmixer. Geben Sie Ahornsirup, Orangen- und Limettensaft sowie Garam Masala dazu. Rühren Sie alles gut um, und füllen Sie den Energiedrink in Sekt- oder Cocktailgläser. Garnieren Sie den Drink mit einem Pfefferminzblatt, einer Limetten- oder einer Orangenscheibe, wenn Sie ihn als Aperitif servieren. Genießen Sie den indischen Energiedrink sogleich.

Kraftwort »Soham«

Hintergrund Diese Mantra-Meditation wird bereits in den frühen indischen philosophischen Schriften, den »Upanishaden«, erwähnt. Anwendung findet das Kraftwort unter anderem im Yoga und Tantra. »Soham« ist Sanskrit und wird häufig mit »Ich bin«, »Ich bin, der ich bin« oder »Ich bin er« übersetzt. »So« beutet so viel wie »er« oder »das«, »ham« wiederum »göttlich« oder »selbst«. »Soham« ist als das natürliche Atem-Mantra, als der natürliche Klang des Atems bekannt, in dem sich die Lebensenergie manifestiert. Beim Einatmen nehmen wir frische Energie (Prana) auf, beim Ausatmen geben wir verbrauchte Energie (Apana) ab.

Effekt Diese schlichte Übung beruhigt die Gedanken und die Emotionen und klärt zudem den Geist. Sie vertieft die Atmung und verbindet uns mit dem Lebensrhythmus und der Schöpfung. Die Dualität wird aufgehoben, das Individuelle verschmilzt mit dem Absoluten, und dadurch erfahren wir das Gefühl der Einheit mit allem.

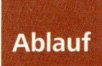

Ablauf Nehmen Sie Ihre bevorzugte Meditationshaltung auf einem Kissen am Boden ein, oder setzen Sie sich aufrecht auf einen Stuhl. Die Füße stehen etwa auf Hüftbreite auseinander. Halten Sie die Wirbelsäule aufrecht. Entspannen Sie die Gesichtsmuskeln, und schließen Sie die Augen. Atmen Sie ruhig und gelöst ein paar Mal durch die Nase ein und aus. Wiederholen Sie gedanklich beim Einatmen das Wort »So« und beim Ausatmen das Wort »Ham«. Bleiben Sie körperlich und geistig entspannt. Halten Sie mindestens 5 Minuten lang Ihre Aufmerksamkeit auf dieses kraftvolle Mantra. Verweilen Sie danach ein paar Atemzüge in Stille, lassen Sie die Übung nachklingen und nachwirken. Genießen Sie die Schwingung, die Ruhe und den inneren Frieden.

Bierbad

Hintergrund   Bier kann man nicht nur trinken, man kann auch darin baden, denn es enthält wertvolle und gesundheitsfördernde Inhaltsstoffe. Die Wirkung des Gebräus aus Gerste, Malz und Hopfen auf Körper und Geist war bereits im Mittelalter bekannt. So genossen beispielsweise die mittelalterlichen Mönche den goldenen Saft nicht nur als Getränk, sondern auch regelmäßig in Form eines Bierbades.

 **Effekt** Bier enthält viele wertvolle Mineralstoffe, Vitamine, Enzyme und Spurenelemente, und ein Bad darin entspannt ganzheitlich, regeneriert Körper und Geist und fördert den Schlaf. Es sorgt für eine wohltuende, erholsame und sinnliche Auszeit. Auf die Haut wirkt solch ein Bad straffend, entgiftend, beruhigend und pflegend, und dem Haar schenkt Bier Glanz und Kraft. Bierhefe kann bei Hautproblemen und Hauterkrankungen Linderung verschaffen. Generell regt Baden in Bier den Stoffwechsel und die Durchblutung an, wirkt durch den Hopfen aber auch beruhigend und ausgleichend auf den Geist und die Nerven.

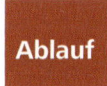 **Ablauf** Füllen Sie die Badewanne etwa zur Hälfte mit warmem Wasser. Die Temperatur des Wassers sollte zwischen 35 °C und 38 °C liegen. Geben Sie mindestens 3 l Bier dazu, und genießen Sie das Bad 10 bis 20 Minuten. Duschen Sie nicht direkt nach dem Baden, sondern lassen Sie das Bier noch ein paar Minuten einwirken. Danach duschen Sie lauwarm, trocknen sich ab und gönnen sich etwas Ruhe.

Kreisen mit dem Kosmos

Hintergrund Dies ist eine Bewegungsmeditation, die sowohl im Qi Gong als auch im Yoga praktiziert wird. Diese spezielle meditative und sanfte Übung wird im Sitzen ausgeführt. Sie zählt zu den stillen »Langlebigkeitstechniken« und wirkt wohltuend auf Körper und Geist.

Effekt »Kreisen mit dem Kosmos« beruhigt den Geist und das Herz. Die Übung eignet sich hervorragend auch für die späten Abendstunden. Die Bewegungsmeditation schafft Abstand, schenkt körperliche und mentale Ruhe, inneren Frieden, Erholung und Entspannung. Zudem löst sie Blockaden und Schmerzen in der Wirbelsäule, stärkt die innere Mitte und vertieft die Atmung auf natürliche Art und Weise. Auf der spirituellen Ebene verbinden sich Makro- und Mikrokosmos miteinander, Mensch und Universum verschmelzen und werden eins.

Ablauf Setzen Sie sich aufrecht auf einen Stuhl oder stabil auf den Boden. Legen Sie die Handflächen auf die Knie. Die Schultern sind entspannt, der Rücken gerade, die Gesichtszüge weich und die Augen geschlossen. Atmen Sie ein paar tiefe Atemzüge durch die Nase ein und aus. Beschreiben Sie langsam, gleichmäßig und achtsam mit dem gesamten Oberkörper aus der Hüfte heraus einen Kreis, d.h. Sie lehnen sich dazu zuerst nach vorn, drehen sich zur linken Seite, beugen sich leicht nach hinten und drehen sich anschließend über die rechte Seite wieder nach vorn. Ihr Oberkörper bewegt sich wie der Zeiger einer Uhr, während Ihre Hände auf den Knien ruhen. Versuchen Sie, die Bewegung ganz bewusst aus der Mitte, Ihrem Bauch, und aus der Hüfte heraus einzuleiten. In der ersten Hälfte des Kreises, also immer wenn Sie sich nach vorn beugen, atmen Sie aus. In der zweiten Hälfte atmen Sie ein. Wechseln Sie die Drehrichtung nach einigen Minuten oder nach 21 Wiederholungen, dann kreisen Sie im Uhrzeigersinn. Versuchen Sie, Ihre Kreise ohne Pause zu ziehen. Bleiben Sie am Schluss noch ein paar Minuten still sitzen, und spüren Sie nach.

Süßes Energiebrot

Hintergrund 90 % der Deutschen essen täglich Brot, im Durchschnitt pro Tag 3–4 Scheiben Brot, ein Brötchen und etwas Kleingebäck. Pro Jahr macht das etwa 83 Kilogramm pro Kopf. Das Bäckerhandwerk blickt auf eine lange Tradition zurück. Das erste Getreide soll in Europa bereits rund 3000 Jahre v. Chr. angepflanzt worden sein. Mit 300 verschiedenen Brotsorten und 1200 Arten von Kleingebäck sind Deutsche nicht nur Spitzenreiter in der Welt, was die Vielzahl der Brotsorten und anderen Gebäckstücke angeht, sondern sie belegen europaweit auch den ersten Platz im Verzehr.

| Effekt | Nüsse sind gesund, fett- und eiweißreich, liefern wertvolle Energie und haben einen hohen Gehalt an lebensnotwendigen Vitaminen, Nähr- und Mineralstoffen. Auch Trockenfrüchte sind echte Fitmacher, denn sie enthalten wertvolle Ballaststoffe, Mineralstoffe, Vitamine sowie Trauben- und Fruchtzucker. Dinkel ist das vitamin- und eiweißreichste Getreide. Es hat einen hohen Anteil an Ballaststoffen und Kieselsäure und nur sehr wenig Fett. Zudem soll Dinkel stimmungsaufhellend wirken. Das süße Energiebrot schmeckt also nicht nur vorzüglich, sondern macht auch noch glücklich!

🌱 Zutaten

- 400 g Dinkelmehl
- 400 ml Wasser
- 200 g verschiedene Trockenfrüchte
- 100 g gemischte Nüsse
- 1½ TL Salz
- ½ TL Trockenhefe

🥦 Zubereitung

Geben Sie Mehl, Salz und Trockenhefe in eine große Schüssel. Schneiden Sie die Trockenfrüchte klein, und hacken Sie die Nüsse. Nun vermischen Sie Früchte und Nüsse mit den anderen Zutaten in der Schüssel. Geben Sie das Wasser dazu, und vermengen Sie alles zu einem feuchten und gleichmäßigen Teig. Am besten gelingt das in einer Küchenmaschine oder mit einem Kochlöffel. Bedecken Sie den Teig, und lassen Sie ihn bei Zimmertemperatur über Nacht ruhen und aufgehen. Legen Sie eine ca. 30 cm lange Kastenform mit Backfolie aus, und befüllen Sie die Form gleichmäßig mit Teig. Heizen Sie den Ofen auf 250 °C vor. Backen Sie das Energiebrot auf der mittleren Schiene etwa 20–25 Minuten. Danach lösen Sie das Brot aus der Form und lassen es auf einem Gitter auskühlen. Süßes Energiebrot schmeckt am besten pur oder mit etwas frischer Butter.

Die Kraft der Stimme

Hintergrund Bija-Mantras sind einsilbige Wörter, die zu Meditationszwecken verwendet werden. »Bjia« bedeutet »Samen«, und »Mantras« sind Worte der Kraft. Im Yoga wird jedem der sieben Hauptenergiezentren (Chakras) im Körper ein Bija-Mantra zugeordnet. Das sechste und das siebte Chakra haben dasselbe Kraftwort bzw. die Stille, die auf das sechste Mantra folgt, gilt als siebtes, lautloses Mantra. Jedes Chakra steht also in Verbindung mit einem spirituellen Klangkörper. Durch das Rezitieren des entsprechenden Mantras kommt das Chakra in Schwingung und in Resonanz mit den positiven und heilsamen universellen Kräften.

- *LAM*   *Wurzel-Chakra (Basis-Chakra)*
- *VAM*   *Sakral-Chakra*
- *RAM*   *Solarplexus-Chakra (Nabel-Chakra)*
- *YAM*   *Herz-Chakra*
- *HAM*   *Hals-Chakra*
- *OM*   *Stirn-Chakra*
- Stille *Scheitel-Chakra (Kronen-Chakra)*

Effekt Das Rezitieren der Bija-Mantras öffnet das spirituelle Bewusstsein und das Herz. Eine energetische Reinigung der Chakras findet statt. Diese schöne und einfache Übung vermittelt Sicherheit, Erdung, Urvertrauen und schöpferische Kraft. Sie schenkt Natürlichkeit, Kreativität, universelles Bewusstsein und fördert Hingabe, Heilung, Intuition, Unabhängigkeit sowie Selbstvertrauen.

Ablauf Setzen Sie sich bequem auf einen Stuhl oder in Ihrer bevorzugten Meditationshaltung auf den Boden. Sie können diese Übung auch im Stehen praktizieren. Halten Sie den Oberkörper gerade. Schließen Sie die Augen, und atmen Sie entspannt, tief und ruhig ein paar Mal durch die Nase ein und aus. Sie können nun jedes einzelne Mantra einige Male, z. B. 7 Mal, laut singen. Oder Sie tönen jedes Mantra nur ein Mal an und wiederholen die ganze Abfolge von »LAM« bis »Stille« mehrfach. In der Mantra-Meditation gibt es kein Richtig oder Falsch, experimentieren Sie. Genießen Sie das Singen. Sie wissen ja bereits: Freude ist die größte Energiequelle.

Rückwärts »Rad fahren«

Hintergrund
Erste Aufzeichnungen zu Qi-Gong-Techniken gehen 3000 bis 5000 Jahre vor unsere Zeitrechnung zurück. Qi Gong ist eine traditionelle, aber auch sehr lebendige Praxis. Sie wurde unter anderem durch die drei großen philosophischen Systeme Chinas, den Buddhismus, den Taoismus und den Konfuzianismus, geprägt. Noch heute werden Übungen entwickelt, erweitert und angepasst. Qi Gong wird als Lebenskunst verstanden, die sowohl das körperliche Wohlbefinden als auch die Persönlichkeit positiv gestaltet, beeinflusst und verändert.

Effekt Diese Übung fördert den Gleichgewichtssinn und die Koordination. Sie stärkt den unteren Rücken, die Beine und die Knie. Zudem wirkt sie entlastend, öffnend und schult die Stabilität, Flexibilität und Beweglichkeit.

Ablauf Stehen Sie stabil und aufrecht auf dem Boden. Ihre Füße halten Sie geschlossen, also dicht nebeneinander. Stützen Sie die Hände seitlich in die Taille, oder strecken Sie die Arme auf Schulterhöhe seitlich aus. Die Handflächen zeigen dann nach unten. Schauen Sie geradeaus, und atmen Sie entspannt durch die Nase ein und aus. Heben Sie nun ein Bein vom Boden hoch, und beginnen Sie, mit diesem Bein rückwärts zu kreisen. Versuchen Sie, die Kreise so rund und so groß wie möglich zu ziehen. Wechseln Sie nach ein paar Umdrehungen das Bein. Insgesamt sind 54 Umdrehungen pro Bein optimal. Schütteln Sie danach die Beine aus, oder klopfen Sie sie mit den Handflächen von oben nach unten ab. Spüren Sie einen Moment nach.

Tipp: Fortgeschrittene können beim Standbein die Ferse anheben und auf der Zehenspitze oder auf dem Ballen balancieren.

Übungsreihen nach Themen

Nachfolgend habe ich Ihnen zur besseren Übersicht und zum schnelleren Nachschlagen alle Übungen nach Themenschwerpunkt zusammengestellt.

Atemübungen
- Bauchatmung S. 49
- Sonnenatmung S. 13
- Mondatmung S. 72
- Entgiftungsatmung S. 82

Meditationen
- Kraftwort »Soham« S. 94
- Vertiefung der Zufriedenheit S. 22
- Herzöffnung S. 28
- Schutzmeditation S. 68

Rituale
- Entrümpeln S. 57
- Phönix aus der Asche S. 40
- Bindungen lösen S. 61
- Die Kraft der Farben S. 78

Entspannung
- Viparita Karani S. 26
- Glücklicher Schlaf S. 52
- Die Kraft der Stimme S. 103
- Brüllen wie eine Löwe S. 11
- Nerventee S. 35

Rezepte
- Energiesuppe S. 54
- Süßes Energiebrot S. 100
- Energiekugeln S. 37
- Energiemüsli S. 15
- Zitronenwasser S. 30
- Gewürzmilch S. 47
- Grüntee S. 74
- Indischer Energiedrink S. 91
- Ingwerwasser S. 64

Gesundheit
- Haarpackung S. 84
- Mundspülung S. 89
- Bierbad S. 96
- Strahlende Augen S. 45
- Energieöl S. 43
- Energiepeeling S. 59
- Senffußbad S. 32
- Mango-Gesichtsmaske S. 19
- Lippenpflege S. 70

Bewegungsübungen
- Kreisen mit dem Kosmos S. 98
- Füße schütteln S. 17
- Rückwärts »Rad fahren« S. 105
- Einen Fisch fangen S. 66
- Der kleine Wikinger S. 76
- Die Wirbelsäule rollen S. 86

Schlusswort

Freude ist die Quelle der Inspiration und das Fundament der Energie. Lernen Sie, über sich selbst zu lachen. Nehmen Sie sich und das Leben nicht ganz so ernst. Öffnen Sie sich für die Kraft des Augenblicks, und fließen Sie mit dem Leben mit. Gut oder schlecht, positiv oder negativ – was auch immer in Ihrer Umgebung geschieht, Sie bestimmen, was es mit Ihnen macht! Alles beginnt und endet mit Ihrer Wahrnehmung von sich selbst und von der Welt.

Wahres Energiemanagement ist die Kunst, mit dem Strom des Lebens mitzufließen. Die Chinesen nennen dieses Energiekonzept »Wu Wei«. Das »Handeln durch Nicht-Handeln« meint, dass wir nicht in den natürlichen Prozess des Lebens eingreifen, sondern eins mit ihm werden.

Wo Übereinstimmung herrscht, ist Frieden. Wu Wei ist das Leben im Einklang mit sich selbst und der Umwelt. Es ist also immer der richtige Zeitpunkt, immer der richtige Ort und immer die richtige Geisteshaltung – natürlich, fließend, frei, ohne Anstrengung und Ablehnung, Wandlung und Veränderung annehmend, akzeptierend und loslassend. Hier und jetzt, an dem Ort, wo Ihr Leben tatsächlich stattfindet, in diesem Moment.

Herzlichst
Ihre Sandy Taikyu Kuhn Shimu

Danksagung

Die Kraft der Dankbarkeit lässt mich die Verbindung mit meinen Mitmenschen und der Welt klar erkennen. Es ist ein Geschenk, dass ich mein Wissen mit Ihnen teilen darf. Bis ein Buch seinen Weg zum Leser gefunden hat, bedarf es vieler fleißiger und wohlgesinnter Helfer. Ich bin mir dessen bewusst und weiß auch, dass ich nur ein kleines Rädchen im großen Uhrwerk des Lebens bin. Und ich bin zutiefst dankbar dafür, meinen Platz darin gefunden zu haben.

Herzlichen Dank an alle anderen Teilchen, die mit mir am Rad des Lebens drehen!

Abbildungsverzeichnis

S. 10: © phoopanotpics (44608211) I S. 11: © Eric Isselée (4654808) I S. 13: © Maridav (50007058) I S. 15: © dusk (40515641) I S. 18: © Janina Dierks (46363898) I S. 20: © M.studio (49248951) I S. 22: © Gyula Gyukli (47550194) I S. 26: © Helder Almeida (14434547) I S. 28: © Aggi Schmid (27738629) I S. 31: © photocrew (50527778) I S. 33: © B. and E. Dudzinscy s (48383391) I S. 35: © vege (51390598) I S. 38: © alleks (55930772) I S. 40: © Alta.C (1548321) I S. 43: © Kathleen Rekowski (53033074) I S. 46: © alexanephoto (48966303) I S. 48: © Heike Rau (35593001) I S. 50: © Bred&Co (35762202) I S. 52: © leeyiutung (43722216) I S. 55: © Doris Heinrichs (42190340) I S. 57: © eyetronic (53018724) I S. 60: © Subbotina Anna (38981024) I S. 63: © Schlierner (43041942) I S. 65: © Grafvision (49319690) I S. 66: © noomhh (43508551) I S. 68: © sylvibechle(44705532) I S. 71: © Natika (56361257) I S. 72: © Kagenmi (42638075) I S. 74: © silberkorn73 (55771070) I S. 77: © Kyrylo Grekov (57163934) I S. 78: © womue (24926088) I S. 82: © Tom-Hanisch (52606727) I S. 84: © puhhha (47387129) I S. 87: © javier brosch (45009551) I S. 89: © Aaron Ama (39119565) I S. 92: © davidevison (44621932) I S. 94: © wusuowei (46263377) I S. 96: © twystydigi (43825559) I S. 98: © tomgigabite (53537592) I S. 101: © A_Lein (57142039) I S. 103: © Clément Vezin (39658027) I S. 106: © Kalle Kolodziej (8490790) I S. 111: © Andrey Burmakin (43324045)

alle Fotografien: www.fotolia.com

Zur Autorin

Sandy Taikyu Kuhn Shimu, Chan-Meisterin, Künstlerin und Autorin, ist hauptberuflich als Lehrerin und Ausbilderin in den Bereichen Kung Fu, Yoga, Qi Gong und Chan (jap. Zen) sowie als psychologisch-spirituelle Beraterin tätig. Außerdem ist sie Mitbegründerin der WU LIN Organisation und der WU LIN Chan-Linie, einer Ausrichtung bzw. Schule, die die bekannten Zen-Aspekte wieder mit der ursprünglichen Chan-Tradition vereint. Darin wird großer Wert auf die Anwendbarkeit der Zen-Praxis im normalen Alltag gelegt. Sandy Taikyu Kuhn Shimu findet ihre Erfüllung im täglichen Unterricht ihrer Schülerinnen und Schüler im In- und Ausland.

Weitere Informationen zur Tätigkeit der Autorin finden Sie unter:
www.taikyu.ch | www.wulin.ch | www.wulintempel.ch
sandy@taikyu.ch